lonely planet

BRUXELLES, BRUGES, ANVERS ET GAND

EN QUELQUES JOURS

CATHERINE LE NEVEZ

Bruxelles, Bruges, Anvers et Gand en quelques jours

1re édition, traduit de l'ouvrage *Brussels, Bruges, Antwerp & Ghent Encounter (1st edition), September 2008*

Traduction française :

© Lonely Planet 2009,
12 avenue d'Italie, 75627 Paris cedex 13
☎ 01 44 16 05 00
bip@lonelyplanet.fr
www.lonelyplanet.fr

Dépôt légal : Mars 2009
ISBN 978-2-84070-817-9

Responsable éditorial Didier Férat
Coordination éditoriale Bénédicte Houdré
Coordination graphique Jean-Noël Doan
Maquette Valérie Police
Cartographie Nicolas Chauveau
Couverture Jean-Noël Doan et Pauline Requier
Traduction Julie Marcot, Jeanne Robert, Bérengère Viennot
Merci à Françoise Blondel pour son travail sur le texte.
Photographie de couverture La Grand-Place de Bruxelles, Connie Coleman/agephotostock.
Photographies intérieures p. 6, p. 13, p. 110 d'Annelies Mertens ; p. 25, p. 51, p. 175 de Joost de Bock/ Getty ; p. 27 d'eye35.com/Alamy ; p. 28 de Hemis/Alamy ; p. 20 de Rough Guides/Alamy. Toutes les photographies sont de Lonely Planet Images et Jonathan Smith exceptées : p. 45, p. 46, p. 54, p. 166 de Jean-Bernard Carillet ; p. 4 de Bruce Esbin. Sauf indication contraire, tous les droits des images appartiennent aux photographes mentionnés. La plupart des images de ce guide proviennent de **Lonely Planet Images :** www.lonelyplanetimages.com

Imprimé par L.E.G.O. Spa
(Legatoria Editoriale Giovanni Olivotto)
Imprimé en Italie
Réimpression 03, février 2011

COMMENT UTILISER CE GUIDE

Codes couleur et cartes

Des symboles de couleur représentant les sites et les établissements figurent dans les chapitres et sont reportés sur les cartes correspondantes afin de les localiser rapidement. Les restaurants, par exemple, sont indiqués par une fourchette verte. À chaque quartier correspond une couleur spécifique, reprise dans les onglets du chapitre qui lui est consacré.

Les zones en jaune sur les cartes désignent des "secteurs dignes d'intérêt" (sur le plan historique ou architectural, ou encore de par la présence de bars et de restaurants, etc.). Nous vous conseillons vivement de les explorer.

Prix

Les différents prix (par exemple 10/5 € ou 10/5/20 €) correspondent aux tarifs adulte/ enfant, normal/réduit ou adulte/enfant/ famille.

Vos réactions ? Vos commentaires nous sont très précieux et nous permettent d'améliorer constamment nos guides. Notre équipe lit toutes vos lettres avec la plus grande attention et prend en compte vos remarques pour les prochaines mises à jour.

Pour nous faire part de vos réactions, prendre connaissance de notre catalogue et vous abonner à Comète, notre lettre d'information, consultez notre site web : **www.lonelyplanet.fr**

Nous reprenons parfois des extraits de notre courrier pour les publier dans nos produits, guides ou sites web. Si vous ne souhaitez pas que vos commentaires soient repris ou que votre nom apparaisse, merci de nous le préciser. Pour connaître notre politique en matière de confidentialité, connectez-vous à :

www.lonelyplanet.fr/confidentialite/index.cfm

CATHERINE LE NEVEZ

Catherine fait son premier tour d'Europe à l'âge de quatre ans avec, déjà, une première incursion en Belgique. Depuis, elle reprend la route dès que l'occasion se présente. Elle a trouvé le temps d'obtenir un doctorat d'arts créatifs, un master en écriture professionnelle et plusieurs diplômes de troisième cycle dans l'édition.

Comme auteur, Catherine a couvert Bruxelles pour l'anthologie de Lonely Planet *The Perfect Day* et participé au guide *Hotels & Hostels* sur lonelyplanet.com ; elle a également écrit le guide *Paris en quelques jours* et participé à la rédaction de *France, Provence and the Côte d'Azur*, *Italie*, *Munich, Bavaria & the Black Forest* et *Irlande*.

La Belgique – et en particulier ces quatre villes – est l'une de ses destinations préférées pour son esprit de liberté et sa diversité, sans parler de la Gandavum Dry Hopping (p. 152).

REMERCIEMENTS

Dank u wel/un grand merci aux chaleureux habitants et voyageurs rencontrés à Bruxelles, Bruges, Anvers et Gand, et qui m'ont fait partager leurs points de vue et leurs enthousiasmes ; je pense notamment à Lucy, "Michiel le Néerlandais", Koen, Martine, Bridget, Stijn, Bart, Sven et Yam. Chez Lonely Planet, tous mes remerciements à Caroline Sieg pour m'avoir confié cette aventure, ainsi qu'à Mark Griffiths et Laura Crawford.
Et comme toujours, un très très grand merci à ma famille.

À nos lecteurs Merci aux voyageurs qui nous ont écrit pour nous faire part de leurs avis, conseils et anecdotes. Laurence Anderson, Victoria Bartlett, Juliette Biddall, Ellen Bork, Ian Chapman, Desmond Cumiskey, Annemie Deruytter, Anke Dijkstra, Tineke et Graham Edwards, Jenny Ellis, Stefano Di Felice, Charles V. Greenless, Kristin Gustafson, Helen Harjanto, Jarrod Hepburn, Eva Hoffmann, David Howe, Marcel l'Abee, Yuen Ineson, Simon Jackson, Martin Jonsson, Zia Asad Khan, Mark Ladd, Sabine Legrand, Sam Marlows, Kathleen Mccann, Malcolm Mckay, Duane K. Meek, Ken et Jan Moore, Robert De Nijs, Martin Nitsch, Michiel Nuyts, Ian Oliver, J. Padget, Damien Pentony, Anton Rijsdijk, Jenny Schaffzin, Nancy Scott, Rosemary Sealey, Rebecca Steltner, Jeanine Suurmond, Victoria Svahn, Peter Taylor, Eva Teng, la van Bezecna, Camille van Wessem, Brecht Vergult, Keith Waters, Paul Watson, Barbara Weand, B. Weston, Peter Williams, Steve et Judith Willis.

Les toits de Bruges et ses cafés

SOMMAIRE

Nos auteurs sont des enquêteurs indépendants. Ils n'effectuent pas leurs recherches sur Internet ou par téléphone, et ne reçoivent aucun cadeau des prestataires mentionnés dans ce guide. Leurs commentaires, argumentés, s'appuient sur ce qu'ils ont constaté ou ressenti sur place. Ils visitent de nombreux endroits, prennent des notes sur le moindre détail et s'efforcent de rendre compte de la réalité.

LE PANIER D'OR
Grill

Provençale
Menu à
12,00 €
SOUPE de POISSONS
ou POTAGE du JOUR
ou GAMBAS GRILLES

BIENVENUE À BRUXELLES, BRUGES, ANVERS ET GAND !

Les “quatre fantastiques” belges que sont Bruxelles, la bouillonnante capitale européenne, Bruges, la cité lacustre du Nord, Anvers “la branchée” et Gand “l'universitaire” sont à deux pas les unes des autres : on aurait tort de n'en visiter qu'une seule.

Il n'y a pas que les diplomates de passage et les cars de touristes parcourant l'Europe au pas de course pour papillonner de l'une à l'autre de ces cités. Grâce à des transports rapides et fréquents, de nombreux Belges vivent à Gand tout en travaillant à Bruges, ou habitent Anvers et se rendent quotidiennement à Bruxelles.

Chaque ville a son style et ses atouts, ses quartiers et ses ruelles méconnues. Elles se distinguent également par leur taille. Bruxelles, avec deux fois plus d'habitants qu'Anvers, voit par ailleurs sa population doubler aux heures de bureau pour atteindre deux millions d'âmes.

Ces quatre cités ont aussi, évidemment, de nombreux points communs : canaux sillonnés par des navettes fluviales, parcs et pistes cyclables, marchés ou mode d'avant-garde, églises gothiques et musées remplis d'œuvres signées par des artistes de renommée internationale, de Rubens à Hergé. Dans ces quatre villes, les joyaux du patrimoine cohabitent avec les innovations les plus contemporaines. Parmi ces attraits, n'oublions pas la bière et le chocolat, qui prennent place parmi les plus fameux au monde.

Le contexte politique rend Bruxelles, Bruges, Anvers et Gand particulièrement intéressantes à visiter. Alors que le pays prend un virage régionaliste marqué, Bruxelles, siège d'une Union européenne élargie et dynamique, est plus ouverte sur le monde que jamais.

En haut à gauche 99 bouteilles de bière au mur... et encore plus à déboucher (p. 12) • **En haut à droite** Les pignons à redans des façades sur la grand-place de Bruges (p. 99) • **En bas** Embarras du choix pour dîner rue des Bouchers à Bruxelles (p. 50)

MER DU NORD
Knokke-Heist
Zeebrugge
Blankenberge
N49
Sluis
Lissewege
Boudewijn Kanaal
Oostkerke
De Haan
N31
Ostende
N9
Damme
Leopoldkanaal
R2
A10
Bruges
E40
N49
Anvers (Antwerpen)
St Idesbald
St-Niklaas
E17
Nieuwpoort
N9
R4
De Panne
Oostduinkerke
Koksijde
Scheldt
E403
Lokeren
Boom
Plopsaland
Veurne
Torhout
Gand (Gent)
Willebroek
Diksmuide
Beauvoorde
Esen
N35
R4
Ijzer
Deurle
Scheldt
N8
WEST-VLAANDEREN
OOST-VLAANDEREN
Roeselare
Aalst
Meise
Westvleteren
La Lie (Leie)
R0
Poperinge
N60
Ypres
Courtrai (Kortrijk)
BRUXELLES
N38
A19
Oudenaarde
Menen
Dranouter
N55
E17
Mouscron
Halle
E403
N48
Waterloo
Roubaix
A8
Canal Charleroi Bruxelles
Lille
Tournai
Ath
Ronquières
Nivelles
Pipaix
Tourpes
HAINAUT
A54
E42
N6
E19
Le Roeulx
Scheldt
N60
Canal du Centre
La Louvière
E42
Mons
Cuesmes
Binche
E19
N90
Borinage
N55
Sambre
F R A N C E
Botte de Hainaut
Macon
Eau Blanche
Momignies
Chimay
Eau Noire
0
20 km

PAYS-BAS
ALLEMAGNE
LUXEMBOURG
Hoogstraten
Kanaal Antwerpen - Turnhout
Turnhout
Westmalle
E34
ANTWERPEN
Achel
Aéroport d'Anvers
Herentals
Mol
Boechout
E313
Lier
Albertkanaal
N10
LIMBURG
Mechelen
Diest
Nete
Aarschot
Rillaar
E314
Werchter
Scherpenheuvel
Genk
Aéroport international de Bruxelles
Hasselt
Kessel-Lo
VLAAMS-BRABANT
E25
Leuven
Maastricht
Koninklijk Museum voor Midden-Afrika (Musée Royal de L'Afrique Centrale)
Zoutleeuw
Sint-Truiden
Tienen
Hoegaarden
E13
E411
Tongeren
Wavre
E40
Ottignies
N205
Liège
E40
Ven nbahn
BRABANT-WALLON
Eupen
Barrage de Vesdre
Villers-la-Ville
E42
Meuse
Verviers
Vesdre
N68
Naturpark Nord-Eifel
E411
N63
Esneux
E25
LIÈGE
Hautes Fagnes
Spa
Aéroport de Charleroi Bruxelles Sud
Namur
Marche-les-Dames
E42
Elsenborn
Francorchamps
Charleroi
N97
Ourthe
Malmédy
N63
Coo
Ven nbahn
N95
NAMUR
Stavelot
Trois Ponts
N5
N89
Dinant
N68
Anseremme
Gendron
Marloie
Houyet
Rochefort
La Roche-en-Ardenne
Maboge
Jemelle
Nadrin
Villers-s-Lesse
Lesse
Givet
Han-s-Lesse
Champlon
LUXEMBOURG
Couvin
Redu
Saint-Hubert
N4
Bastogne
Transinne
Libramont
N95
N89
Frahan
E25
Martelange
Poupehan
Semois
Bouillon
Corbion
N4
Arlon
Florenville

> LES INCONTOURNABLES

Shopping élégant sous les superbes verrières des galeries royales Saint-Hubert (p. 48), à Bruxelles

>1 BIÈRE

VOYAGE GUSTATIF DANS LA CONSTELLATION DES GRANDS "CRUS" BELGES

Nul besoin de présenter Stella Artois et Jupiler, mais ces pils (bières lager de fermentation basse, blondes, limpides et légères) vendues dans le monde entier sont l'arbre qui cache la forêt – petit cours intensif sur les innombrables bières belges.

La bière est ici bien plus que l'ingrédient clé d'une bonne soirée entre amis. Elle est à la Belgique ce que le vin est à la France : une boisson à savourer en prenant le temps d'apprécier ses caractéristiques et ses saveurs uniques. Il faudrait une vie entière pour goûter toute la production locale, puisqu'on estime qu'un millier de bières différentes sont brassées dans le pays (le nombre exact est impossible à déterminer tant les bières de saison et les éditions limitées sont nombreuses). À chacune est attaché un verre au logo de la marque (indiquant le niveau où commence le col de mousse), à la forme conçue pour en rehausser la saveur et les arômes, d'où des façons différentes de servir chaque bière. Dernier point, la plupart des bières belges sont servies en bouteille, non à la pression.

Ce sont les congrégations religieuses qui, les premières, ont concocté ces joyaux de la brasserie internationale. Les onctueuses bières trappistes aux couleurs or plus ou moins sombres (6 à 12% d'alcool) sont produites depuis des siècles par des moines de l'ordre cistercien. À l'heure actuelle, seules trois abbayes continuent à brasser en Flandre et trois en Wallonie. Si vous souhaitez goûter à l'une des productions locales, demandez la Westmalle Triple, produite près d'Anvers.

La Belgique aussi a son "champagne", le lambic (*lambiek* en flamand), dont la fabrication peut prendre jusqu'à trois ans. Le secret ? Une fermentation spontanée causée par des levures sauvages lors du refroidissement à l'air libre. Le lambic le plus apprécié est la gueuze, qui évoque le cidre. Les lambics fruités, comme la kriek à la cerise, sont moins amers ; évitez pourtant certaines versions industrielles, trop sucrées. À Bruxelles, laissez-vous tenter par les lambics de Cantillon.

On peut leur préférer les bières blanches (*witbier* en flamand), à la robe trouble et de couleur pâle, comme la Brugs Tarwebier

à Bruges. Ces blanches sont délicieuses en été : on les déguste fraîches avec une rondelle de citron, contrairement à la plupart des bières belges, meilleures à température ambiante.

La Belgique produit également des blondes (avec en tête la Duvel), des bières dites d'abbaye (puissantes et fortes, comme la Leffe, brassées selon les techniques originales des moines mais non dans les abbayes), les Vlaams Rood (rouges flamandes, vieillies en fûts) et les amères Oud Bruin ("vieilles brunes", assemblages de bières jeunes et vieilles, avec fermentation secondaire en bouteille).

Après ce bref tour d'horizon, passez à la dégustation ! Pour connaître les meilleures adresses où déguster des bières locales dans les quatre villes et en savoir plus sur l'étiquette de l'amateur de bière, rendez-vous p. 162.

>2 CHOCOLAT

TOUT LE SAVOIR-FAIRE DE GRANDS CHOCOLATIERS

On est d'abord séduit par des effluves de chocolat chaud, doux, fondant. Puis le regard se porte vers les rangées de bouchées, de pavés ou de perles, du brun intense au blanc crémeux en passant par le brun rouge, ornés d'une feuille d'or ou de volutes. Sans oublier les tablettes délicatement emballées et les gourmandises en sachet. Un vendeur aux mains gantées de blanc décrit la composition de chaque chocolat, à la crème ou à la ganache par exemple, avant de composer le ballotin de votre choix.

Acheter du chocolat est un art en Belgique – et c'est le moins, quand les meilleurs atteignent 120 € le kilo.

Le pays produit 220 000 tonnes de chocolat par an et doit sa réputation à cette texture soyeuse obtenue par un conchage (brassage) long et à l'utilisation exclusive de beurre de cacao. Mais l'histoire de la conquête de ce précieux ingrédient par la Belgique est moins alléchante : c'est l'invasion du Congo par le roi Léopold II qui ouvrit aux Belges les plantations de cacaoyers de l'Afrique centrale. Comme de nombreux chocolatiers belges, Côte d'Or est né en 1883 alors que le cacao était transporté à travers la jungle à dos d'éléphants, d'où le logo de la marque. De nos jours, les chocolatiers tendent à adopter les pratiques du commerce équitable.

La profession connut un grand moment en 1912, avec l'invention à Bruxelles des pralines belges. Ces bonbons traditionnels au chocolat sont désormais mis au goût du jour par des fabricants audacieux, qui les parent d'arômes surprenants : cigare de La Havane, chou-fleur, petit pois, piment, wasabi, etc. Puisque vous composez vous-même votre assortiment, vous pouvez goûter quelques pépites originales sans acheter un ballotin entier de saveurs... déroutantes.

Outre les quelques boutiques chic des grands chocolatiers, comme Pierre Marcolini à Bruxelles (p. 62), Dominique Persoone à Bruges (p. 107) ou Burie (p. 127) et Del Rey (p. 128) à Anvers, il existe plusieurs chaînes prestigieuses. Côte d'Or, Godiva (aujourd'hui détenu par une société américaine), Leonidas et les fruits de mer en chocolat de Guylian sont les plus connus à l'étranger ; en Belgique même sont également prisés l'inventeur de la praline Neuhaus (p. 48), Corné ou encore Galler, qui propose aussi ses pralinés en bâtons (mention spéciale pour le chocolat blanc fourré aux pistaches fraîches). Vous trouverez également ces grandes marques en supermarché à des prix bien inférieurs à ceux pratiqués en boutique.

Si vous prenez l'avion, sachez que vos délices vous suivront jusqu'à votre départ : l'aéroport international de Bruxelles est ainsi le premier point de vente de chocolat au monde.

Les adresses des meilleurs chocolatiers sont indiquées p. 172.

>3 BANDE DESSINÉE

DES BULLES À CONSOMMER SANS MODÉRATION

Le 9e art conserve une place de choix en Belgique. Il reste omniprésent dans la presse et vit une nouvelle jeunesse. Les bandes dessinées actuelles prennent parfois des accents engagés. C'est le cas de *Brüsel* de François Schuiten et Benoît Peeters, album de la série *Les Cités obscures*, qui relate l'histoire d'une vieille cité détruite par une nouvelle ville, métaphore des effets de l'UE et de l'urbanisme contemporain sur la capitale belge.

La bande dessinée a pris son essor en Belgique à la même époque que l'Art nouveau – ce qui explique les liens que tisse entre les deux mouvements le Centre belge de la bande dessinée, à Bruxelles (p. 41) : ce musée national a en effet été aménagé dans d'anciens magasins de tissus conçus par l'architecte Art nouveau Victor Horta. Le centre présente la production de BD et abrite notamment des expositions permanentes consacrées aux Schtroumpfs (qui ont été créés par le Bruxellois Pierre Culliford, alias Peyo, en 1948) et à Tintin, le plus célèbre personnage belge.

Georges Remi, lui aussi natif de Bruxelles et plus connu sous le nom de Hergé (un pseudo créé en inversant ses initiales), est le créateur du jeune reporter, dont les aventures à travers le monde débutèrent avec *Tintin au pays des Soviets* (1929-1930), suivi de *Tintin au Congo* (1930-1931). L'album fut redessiné en 1946 et expurgé par Hergé de plusieurs de ses références colonialistes. Considéré comme

BD GRAND FORMAT

Déambuler dans Bruxelles, c'est comme entrer dans les vignettes d'une vaste bande dessinée. Le parcours BD fait découvrir à ce jour 50 fresques gigantesques, disséminées dans toute la ville et appelées à se multiplier. Comptez 3 heures pour cet itinéraire de 6 km, détaillé dans une brochure gratuite de l'office du tourisme (à télécharger sur www.brusselsinternational.be). Au cours de vos flâneries, n'oubliez pas de lever le nez pour admirer ces œuvres colorées qui figurent au coin d'une rue, dans des endroits parfois inattendus. Des fresques surgissent aussi dans le centre d'Anvers à l'initiative de la galerie-librairie **Mekanik Strip** (p. 130).

politiquement incorrect, il reste aujourd'hui très controversé. Hergé mènera pour ses œuvres suivantes des recherches culturelles et historiques méticuleuses.

Parmi les autres icônes de la BD belge figurent Spirou, créé par Rob-Vel (en 1938 et paru dans le journal homonyme) ; Bob et Bobette (Suske en Wiske en flamand), inventés par l'Anversois Willy Vandersteen en 1945 ; Lucky Luke, créé par Maurice de Bevère alias Morris en 1946 ; Néron, de Marc Sleen, né en 1947 ; Gaston Lagaffe dessiné par André Franquin (1957) ; ou encore le Chat de Philippe Geluck (1983), pour n'en citer que quelques-uns.

Le parcours BD à Bruxelles (voir l'encadré ci-contre) fait revivre la plupart de ces personnages et bien d'autres. Vous trouverez des dizaines de librairies spécialisées dans la capitale comme à Bruges, Anvers et Gand : consultez la rubrique *Shopping* de chaque ville.

>4 MODE

LA MECQUE DES STYLISTES D'AVANT-GARDE

Ancienne région drapière, la Belgique était destinée à briller sur les podiums européens de l'élégance. On attribue l'émergence récente des Belges dans la mode aux "Six d'Anvers" – Ann Demeulemeester (p. 127), Dries Van Noten (voir Het Modepaleis, p. 130), Walter Van Beirendonck (p. 131), Dirk Van Saene, Dirk Bikkembergs et Marina Yee –, qui ont fréquenté ensemble l'Académie royale des beaux-arts d'Anvers. En 1987, ils traversent la Manche et organisent à Londres un défilé audacieux au succès immense, grâce à un savant mélange de talent décomplexé et de marketing futé : les médias délaissent leurs noms imprononçables, s'emparent immédiatement du concept des Six et Anvers est bientôt connue dans le monde entier. L'Académie en tire un prestige qui attire de nouvelles générations de créateurs, les grandes marques ouvrent des boutiques, professionnels et amateurs de mode viennent en masse. En dépit de leur légendaire modestie, les Belges finissent par comprendre qu'ils sont en passe de voler la vedette à Paris et Milan.

Malgré un chiffre d'affaires colossal, la mode belge garde jalousement son indépendance. Anvers en reste l'épicentre, avec un intéressant musée, le MoMu (p. 123), installé avec l'Académie royale dans le ModeNatie, dans le quartier de la mode (p. 128). La création prospère aussi ailleurs, comme en témoignent les boutiques de stylistes à Bruges, à Gand et à Bruxelles surtout, rue Antoine Dansaert. Consultez la rubrique *Shopping* de chaque ville pour les meilleures adresses et lisez l'entretien avec Bart Willems (p. 129) pour entrer dans les coulisses de la mode *made in Belgium*.

>5 BALADES FLUVIALES

DÉCOUVERTE DES VILLES AU FIL DE L'EAU

De nos quatre villes, Bruges est la plus connue pour la beauté de ses canaux qui serpentent au cœur de la ville ancienne à la belle architecture gothique. Pourtant, les trois autres cités invitent aussi à une découverte au fil de l'eau : rivières et canaux sillonnent la charmante vieille ville de Gand ; à Bruxelles, de nombreux canaux sont aujourd'hui souterrains, mais des bateaux vous conduiront malgré tout à la découverte des quais des quartiers industriels ; Anvers, enfin, bien que dépourvue de canaux, est traversée par le majestueux Escaut, un fleuve auquel elle doit son port en pleine expansion – le deuxième d'Europe, et le quatrième au monde.

Retrouvez des renseignements détaillés sur ces croisières p. 202. Comme la météo est souvent capricieuse, il peut faire frais sur l'eau, même en été : emportez un vêtement chaud en toute saison.

>6 GENIÈVRE

L'ANCÊTRE BELGE DU GIN

Si la Belgique est réputée pour ses bières, son genièvre (*jenever* en flamand) est tout aussi fameux, au moins pour les initiés. Les Belges distillent ce puissant mélange d'eau-de-vie de grains, de baies de genièvre et de plantes depuis le Moyen Âge, époque à laquelle il servait de remède. Exporté vers la Grande-Bretagne, son nom et ses saveurs évoluèrent pour donner naissance au gin.

Comme pour la bière, il est impossible de recenser précisément le nombre de genièvres produits en Belgique. Ils sont estimés à 300 environ, avec une gamme enivrante de goûts. Si certains arômes fruités, comme la framboise, évoquent parfois le sirop antitussif, les versions moins sucrées sont plus désaltérantes. En belge qui se respecte, le genièvre vient aussi parfumer le chocolat.

Servi dans des verres à liqueur, cet alcool se boit lentement. Il titre environ 35%, et le plus fort, à la stramoine (datura), atteint 53% d'alcool. Bien que les genièvres soient classés en genièvres vieux (*oude*) et jeunes (*jonge*), cette appellation ne dépend pas de leur âge, mais des ingrédients et des techniques de distillation. Ceci dit, les genièvres ayant effectivement quelques années d'âge sont meilleurs.

Reportez-vous p. 162 pour les meilleures adresses où il est possible de déguster un genièvre de choix.

>7 CYCLISME

TOUS À BICYCLETTE !

"Le vélo, c'est sacré", disent les Belges, une affirmation qui va ravir tous les amateurs de la petite reine.

La Belgique étant un plat pays, en particulier cette partie de la Flandre où se trouvent Bruxelles, Bruges, Anvers et Gand, le vélo y est un moyen de locomotion peu éprouvant. Ajoutons à cela que les pistes cyclables sont nombreuses, tout comme les parcs à vélos pour stationner ; les tarifs de location, déjà très accessibles, ne cessent de baisser, avec notamment le service Cyclocity de vélos en libre-service. Cette nouvelle initiative de la municipalité bruxelloise permet de louer un deux-roues dans toute la ville à des tarifs horaires imbattables (voir p. 201). Bruxelles a même sa fête annuelle du vélo, Dring Dring (p. 28). Des visites guidées permettent aussi de découvrir la capitale à bicyclette (p. 202).

Si le vélo en ville ne vous tente pas, lancez-vous sur les allées cyclables des parcs ou mettez le cap vers la côte belge (p. 108), à moins d'une heure de bicyclette de Bruges. La liste de loueurs de vélos existant dans les quatre villes figure p. 202.

>8 MARCHÉS ET FOIRES

CHASSE AUX TRÉSORS PARMI LES ÉTALS

Il est chaudement recommandé de partir avec une valise vide, pour rapporter non seulement des vêtements de créateurs, des chocolats et des bières prestigieuses, mais aussi les trouvailles que vous ne manquerez pas de faire sur les étals.

Toutes sortes de marchés se tiennent régulièrement dans les quatre villes, qu'il s'agisse d'élégantes foires aux antiquités, parfaites pour dénicher porcelaines, cristal et meubles rares, de brocantes ou de marchés aux puces riches en articles d'occasion – BD, CD, vieux vinyles ou vêtements vintage. Sans compter les marchés alimentaires, parfaits pour les gourmands ou en vue d'un pique-nique.

L'Avent coïncide avec les marchés de Noël : sur les grands-places des villes, on musarde alors entre jouets, artisanat et décorations de Noël, en s'accordant dans le froid un verre réconfortant de vin chaud. Chaque année, ou presque, apparaissent également des sculptures sur glace tandis que des patinoires de plein air sont installées pour tout le mois de décembre. Les offices du tourisme vous en fourniront les adresses, mais le plus simple est encore de suivre la foule.

Autres plaisirs des marchés et des foires : les délices vendues dans des baraques, qu'il s'agisse de gaufres (p. 51) ou de cornets de frites-mayonnaise (p. 69) !

Consultez la rubrique *Shopping* de chaque ville pour une liste détaillée des marchés.

>9 MUSIQUE VIVANTE

POUR L'AMOUR DU SWING ET DU JAZZ

Quel est le point commun entre Adolphe Sax, Jean "Toots" Thielemans et Jacques Brel ? Ils sont belges. Les premiers ont joué un rôle essentiel dans l'évolution de la musique jazz. Sax inventa en 1846 le saxophone. Thielemans, légendaire joueur d'harmonica, s'est notamment produit avec Ella Fitzgerald, Quincy Jones et Paul Simon et continue, à 80 ans passés, de galvaniser son public. Il faudrait aussi mentionner Django Reinhardt, dont les concerts électrisants ont fait date dans l'histoire du jazz manouche. Quant à Brel, quoique catapulté vers la gloire dans la France des années 1950, il conserva des liens étroits avec son pays natal, comme le montre la fondation qui porte son nom (p. 41).

Aujourd'hui, ce passé est perpétué par une scène musicale très vivante, avec de nombreux clubs et café-concerts à Bruxelles, Bruges, Anvers et Gand. Le jazz est particulièrement bien représenté – sélection d'adresses p. 170. Les festivals ne manquent pas, tels le Brussels Jazz Marathon (p. 27) en mai, avec des centaines d'artistes se produisant dans toute la capitale, ou la biennale Jazz Middelheim (p. 26), qui accueille à Anvers des musiciens de talent.

>10 DIAMANTS

DANS LES COULISSES DES DIAMANTAIRES

Les vitrines des bijouteries des halls de la gare d'Anvers, superbement restaurée, sont éblouissantes. Cependant, dans le quartier des diamantaires, en particulier dans les rues piétonnes Shupstraat, Hoveniersstraat et Rijfstraat, vous découvrirez un monde moins tape-à-l'œil. Ici, les diamants se négocient dans la rue, les instituts se cachent derrière des grilles d'acier et les discrètes *beurzen voor diamanthandel* (bourses aux diamants) abritent des pierres précieuses d'une valeur de plusieurs millions d'euros.

Plus de 70% de la production mondiale de diamants bruts se négocient dans ce quartier hautement sécurisé d'Anvers, une ville qui compte quatre bourses aux diamants et 1 500 diamantaires. Dans ce secteur traditionnellement dominé par les juifs orthodoxes travaillent aujourd'hui près de 60% d'Indiens, d'où la présence de la Banque centrale indienne. Les contrats sont conclus par une poignée de mains et le vœu "*mazal*" – bonne chance en hébreu.

Les diamants sont en moyenne 20% moins cher chez les détaillants anversois, qui s'approvisionnent dans les pays producteurs, que partout ailleurs dans le monde. Si vous n'achetez pas, vous pourrez vous cultiver au magnifique Diamantmuseum d'Anvers (musée du Diamant, p. 119) et admirer le travail des tailleurs de diamants à Diamondland (p. 123). On peut également assister au polissage dans les caves du Diamantmuseum (p. 104) de Bruges, où ces techniques furent mises au point au XVe siècle avant que les diamantaires s'installent à Anvers.

> AGENDA

Lorsque la Belgique est en fête, rien ne peut l'arrêter, pas même pas les caprices de la météo. Bruxelles, Bruges, Anvers et Gand accueillent chacune des événements variés, en particulier en milieu d'année. Et la proximité entre ces villes rend possibles les escapades en train de l'une à l'autre.

Outre les sites Internet des offices du tourisme (p. 207), le magazine *Agenda* (www.brusselsagenda.be), publié chaque semaine en français, anglais et flamand, est une bonne source d'information. Pour nombre de fêtes et de manifestations, les dates changent d'une année sur l'autre, renseignez-vous sur place ou consultez les sites Internet.

Les terrasses bruxelloises ne désemplissent pas, de jour comme de nuit

JANVIER

Nouvel An, Bruxelles

Janvier commence avec un feu d'artifice tiré depuis le Mont des Arts. Les fêtards célèbrent aussi la nouvelle année sur la Grand-Place.

FÉVRIER

Anima, Bruxelles

http://www.animatv.be

Au programme : projections de courts et de longs métrages d'animation, expositions, ateliers et conférences. Anima se déplace ensuite dans d'autres villes, comme Gand.

MARS

Cinema Novo, Bruges

www.cinemanovo.be

Des films indépendants d'Asie, d'Afrique et d'Amérique latine sont projetés à la mi-mars, afin d'offrir un nouveau regard sur les cultures des pays en voie de développement, et de faire connaître et diffuser le travail de cinéastes du Sud.

Ars Musica, Bruxelles

www.arsmusica.be

Ce festival accessible à tous est une immersion dans la musique contemporaine avec des répétitions commentées par le public, des tables rondes, des projections de documentaires et, bien évidemment, des concerts précédés d'introduction.

AVRIL

Choco-Laté, Bruges

www.choco-late.be

Si certaines années Choco-Laté se résume à un simple petit marché au chocolat, ce rendez-vous gourmand se décline parfois en dégustations, soins de beauté, duos vin-chocolat ou village pour enfants.

DES BIENNALES À NE PAS MANQUER

Europalia (www.europalia.be), à Bruxelles, la plus importante manifestation culturelle du pays, met à l'honneur les arts plastiques, la musique, le théâtre et la danse pendant quatre mois (entre octobre des années impaires jusqu'à février des années paires). À la fin du mois de mai des années paires, ne ratez pas la **Zinneke** (www.zinneke.org) de Bruxelles, un défilé loufoque qui dure une journée. Au programme : des "opéras de rue" urbains et ultra-contemporains, ainsi que de somptueux costumes faits main. À découvrir également, un tapis de 800 000 bégonias, dont quelques rosaces animées, recouvre la Grand-Place de Bruxelles pour les quatre jours du **Tapis des Fleurs** (www.flowercarpet.be), en août des années paires. Enfin, pendant une semaine, en août des années impaires, Anvers accueille le **Jazz Middelheim** (www.jazzmiddelheim.be), l'un des grands temps forts de la ville.

La Grand-Place de Bruxelles revêt un manteau de bégonias colorés durant le Tapis des Fleurs (p. 26)

MAI

Les Nuits, Bruxelles

www.botanique.be/lesnuits

Douze jours de rock, reggae, ska, hip-hop, électro, folk, rap, blues et plus encore dans le Jardin botanique de Bruxelles.

Lesbian & Gay Pride, Bruxelles

www.blgp.be

Mi-mai, la "semaine arc-en-ciel" culmine lors du "samedi rose", une parade ultra-glamour, suivie d'une folle nuit en club.

Jazz Marathon, Bruxelles

www.brusselsjazzmarathon.be, en anglais

Fin mai, le jazz s'invite trois jours durant, avec 125 concerts gratuits en plein air et plus de 400 artistes. Bus gratuits.

Kunsten Festival des Arts, Bruxelles

www.kunstenfestivaldesarts.be

Les œuvres scéniques et plastiques du Kunsten tentent de redéfinir les frontières nationales, linguistiques et culturelles de la Belgique.

Ommegang réveille l'âme médiévale des Bruxellois

Dring Dring, Bruxelles

www.dringdring.be

Pour la semaine du vélo, achetez ou louez un deux-roues, apprenez à déjouer les pièges de la circulation et effectuez un circuit guidé.

JUIN

Weekend Beerpassie, Anvers

www.beerpassion.com, en flamand

Mi-juin, la brasserie est à l'honneur pendant trois jours : l'occasion de découvrir plus de 150 bières, dont des créations exclusives.

Couleur Café, Bruxelles

www.couleurcafe.be

Ce festival de musiques et de danses du monde s'étale sur trois jours fin juin. Il a notamment accueilli Raul Paz et Massilia Sound System.

JUILLET

Ommegang, Bruxelles

www.ommegang.be

Depuis le XIVe siècle, cette procession en costumes évoquant le Moyen Âge part de la place du Grand-Sablon et se conclut par une danse sur la Grand-Place illuminée.

Fête nationale, Bruxelles

www.belgium.be

Concerts et festivités animent le parc de Bruxelles pour commémorer l'accession au trône du premier roi de Belgique, Léopold Ier, le 21 juillet 1831.

Gentse Feesten, Gand

www.gentsefeesten.be

Le plus grand festival de rue d'Europe transforme Gand en une ville hédoniste avec de la musique, du théâtre de rue et des flots de bière. Les Gentse Feesten rassemblent plusieurs festivals, notamment le *10 Days Off* (www.10daysoff.be) fin juillet, une déferlante de musique house, électro, breakbeats, rock, drum 'n' bass, techno, funk, disco, etc.

Sfinks Festival, Anvers

www.sfinks.be

Un festival de musique du monde fidèle à ses débuts : atmosphère décontractée pendant quatre jours et artistes venus de tous les horizons.

AOÛT

Klinkers, Bruges

www.klinkers-brugge.be

Après onze jours de musique, place au *Benewerk* (travail des jambes), un concentré de danse : salsa, folklore ou années 1980.

Marathon de Bruxelles, Bruxelles

www.sport.be/brusselsmarathon

Joignez-vous aux milliers de coureurs qui foulent le pavé de la capitale ou venez encourager les sportifs.

Musica Antiqua, Bruges

www.festival.be

Outre les concerts, ce festival de musique ancienne propose des ateliers pratiques axés par exemple sur la rénovation de clavecin.

Brussels Summer Festival, Bruxelles

www.infofestival.be

On se bouscule dix jours durant pour assister à plus de 140 spectacles gratuits (concerts, théâtre pour enfants, etc.), avec nombre d'artistes locaux.

SEPTEMBRE

Week-end de la bière, Bruxelles

www.weekenddelabiere.be

La Grand-Place se mue en un véritable village de stands où l'on vend de la bière et tous les objets qui vont avec (verres, sous-bocks, etc.). Entrée gratuite et boissons à prix raisonnables.

Nuit Blanche, Bruxelles

www.brusselsinternational.be

La capitale fait nuit blanche pour profiter des projections, installations, spectacles de cirque et fêtes organisés jusqu'au petit jour.

OCTOBRE

Festival de la bande dessinée, Bruxelles

www.comicsfestivalbelgium.com

Découvrez les dessinateurs et écrivains qui se cachent derrière les plus célèbres héros de BD de Belgique.

NOVEMBRE

Festival international du film indépendant, Bruxelles

www.centremultimedia.org

En réponse à la piètre qualité de beaucoup d'œuvres du cinéma commercial, des réalisateurs indépendants venus de 60 pays présentent plus de 100 films novateurs, pendant une semaine début novembre.

DÉCEMBRE

Marchés de Noël, toutes les villes

www.visitbelgium.be

Le mois de décembre est l'occasion de se réchauffer avec un verre de vin chaud tout en flânant parmi les étals débordant d'objets artisanaux et de décorations. Voir également p. 22.

> ITINÉRAIRES

Le paisible parc Minnewater (p. 101), à Bruges

MODESTE et POMPON

ITINÉRAIRES

Ces quatre villes sont si proches les unes des autres qu'il est facile de combiner plusieurs destinations en un court séjour. Si vous prévoyez un long week-end, mieux vaut partir dès le vendredi car la plupart des musées, ainsi que certains magasins, ferment le lundi.

BRUXELLES EN UN JOUR

Les façades dorées qui flanquent la splendide Grand-Place (p. 44) scintillent sous le soleil matinal, et c'est l'endroit rêvé pour amorcer une balade dans la capitale. Commencez par en découvrir l'histoire au musée de la Ville de Bruxelles (p. 46), puis traversez les galeries royales Saint-Hubert (p. 48), sous verrière, pour arriver à la cathédrale (p. 57). Ce monument se double de beaux musées, tels le BELvue (p. 57) et les musées royaux des Beaux-Arts (p. 60). Profitez de votre passage dans le quartier pour déjeuner en terrasse sur le toit du musée des Instruments de musique (p. 57). Prenez l'ascenseur de verre à l'extérieur du colossal palais de justice (p. 60) pour gagner le quartier des Marolles (p. 82) et dîner dans l'un de ses restaurants réputés – Comme Chez Soi (p. 86) par exemple – avant de finir votre soirée en discothèque (p. 87).

BRUXELLES EN DEUX JOURS

Arpentez les boutiques de créateurs belges (p. 90), le long de la rue Antoine Dansaert, et assistez à une rencontre d'échecs au bar Le Greenwich (p. 97). Déjeunez dans l'un des restaurants de fruits de mer de Sainte-Catherine (p. 92), puis admirez l'architecture futuriste de l'Atomium (p. 91), le quartier de l'Union européenne (p. 64) ou la maison Art nouveau de Victor Horta, transformée en musée (p. 77). Reprenez des forces dans l'un des restaurants animés de la rue Saint-Boniface (p. 80), puis dirigez-vous vers la place Flagey (p. 81) pour

En haut à gauche Trouvailles sur le marché de la place du Jeu de Balle, à Bruxelles (p. 86) **En haut à droite** Pause farniente sur le Rozenhoedkaai, à Bruges (p. 99) **En bas** En avant les couleurs au Centre belge de la bande dessinée de Bruxelles (p. 41)

siroter un cocktail au Café Belga (p. 80). Optez ensuite pour un film au Studio 5 (p. 81), un concert (p. 81) ou un bœuf impromptu au Sounds Jazz Club (p. 81).

BRUGES EN UN JOUR

Baladez-vous parmi les colonnades du marché au poisson, le Vismarkt (p. 111), et le long des canaux, que vous pouvez aussi découvrir en bateau (p. 201). Admirez le panorama embrassant la ville du haut du beffroi (p. 101), puis descendez vers les vestiges de l'église Saint-Donatien (p. 104). Observez le polissage des diamants au Diamantmuseum (p. 104), avant de déjeuner avec les Brugeois au Nieuw Museum (p. 112). Prenez une leçon d'histoire de l'art, des primitifs flamands aux surréalistes, au Groeningemuseum (p. 104) et appréciez le paisible béguinage (Begijnhof, p. 101). Visitez ensuite la brasserie Halve Maan (p. 101), toujours en activité. Savourez un repas au Den Dyver (p. 112), où les bières accompagnent chacune un plat spécifique et constituent un ingrédient essentiel en cuisine. Pour déguster davantage de bières flamandes, rendez-vous en sous-sol au 't Poatersgat (p. 114).

Rubens vous ouvre la voie jusqu'à la cathédrale Notre-Dame (Vrouwekathedraal) d'Anvers (p. 125)

VOYAGEURS ORGANISÉS

Trois semaines avant de partir. Contactez des habitants par l'intermédiaire de sites Internet comme Tof People ou Like a Local (voir Une ville d'initiés p. 62), et vérifiez l'agenda (p. 25) pour savoir quelles réjouissances vous attendent et réserver vos billets. **Une à deux semaines avant de partir.** Retenez une table dans un restaurant gastronomique (voir la rubrique *Se restaurer* de chaque ville), achetez une Brussels Card (p. 208) en ligne, pour bénéficier de diverses réductions, y compris dans les transports en commun, et mettez-vous l'eau à la bouche en faisant quelques recherches sur les bières belges (p. 206). **Un jour avant de partir.** N'oubliez pas d'emporter des chaussures confortables pour arpenter les rues pavées de ces quatre villes.

ANVERS EN UN JOUR

Flânez dans le quartier des diamantaires (p. 24) et le long du Meir (p. 127), bordé de boutiques, jusqu'à la cathédrale (p. 125) pour admirer les tableaux de Rubens avant de visiter sa maison, la Rubenshuis (p. 126). Les *fashion victims* iront droit au musée de la Mode (p. 123), tandis que les amateurs d'Art nouveau exploreront Zurenborg (p. 122) avant de dîner dans le décor du Grand Café Horta (p. 132). Après une immersion dans l'histoire maritime de la ville (p. 125), prenez le tunnel piétonnier Sainte-Anne (p. 127) pour gagner la rive ouest de la Scheldt et apprécier la ligne d'horizon. Visitez le Fotomuseum (p. 123) et le Koninklijk Museum voor Schone Kunsten (p. 123) ; dans le même quartier, choisissez un restaurant, un bar ou un club, ou les trois à la fois au Stereo Sushi (p. 140).

GAND EN UN JOUR

Découvrez Gand en bateau (p. 204), depuis la Lys ou les canaux qui la sillonnent. Dirigez-vous ensuite vers le beffroi (p. 144), du haut duquel la vue porte sur l'ensemble de la ville. Après avoir visité le Gravensteen (château des Comtes, p. 144), admirez le chef-d'œuvre de Jan Van Eyck, l'*Adoration de l'Agneau mystique* (p. 145), puis imprégnez-vous d'une forme d'art radicalement différente dans Graffiti Street (p. 147). D'autres œuvres vous attendent au Museum voor Schone Kunsten (p. 144) et dans la galerie d'art contemporain SMAK (p. 146). Faites une pause repas dans le dédale de ruelles de Patershol (p. 150). Deux bars sont incontournables : 't Velootje (p. 153) pour son ambiance, et Het Waterhuis aan de Bierkant (p. 152) pour ses bières maison. N'oubliez pas de faire une balade nocturne dans la ville illuminée (p. 154).

> BRUXELLES PAR QUARTIER

Détente sur la Grand-Place de Bruxelles

BRUXELLES PAR QUARTIER

Bruxelles ne se livre pas d'emblée et une partie de son charme réside sans doute en ce fait. Ce n'est qu'en s'enfonçant au coeur de ses quartiers, par ailleurs très divers, que vous en saisirez tous les attraits.

Entrons dans la contradiction : Bruxelles est l'une des rares métropoles authentiquement internationales au monde, et pourtant l'une de celles qui affichent le moins d'enseignes emblématiques de la globalisation actuelle ! Elle doit son aura cosmopolite au fait que les étrangers – sans compter les diplomates, les hommes d'affaires et les voyageurs de passage – représentent un quart de son million d'habitants. Bruxelles offre ainsi au visiteur toute une palette de saveurs, d'activités et de loisirs, tandis que ses rues résonnent de multiples accents. L'anglais tend pourtant à devenir la *lingua franca* des jeunes Bruxellois et pourrait, murmure-t-on, devenir la troisième langue officielle de Bruxelles.

Ce cosmopolitisme semble renforcé par la superficie à taille humaine de la capitale belge. Outre un périphérique extérieur, une petite ceinture délimite le centre-ville, lui-même divisé par la topographie entre ville basse (médiévale) et ville haute (jusqu'à l'est et au sud-est de la Grand-Place).

Pour ce guide, nous avons divisé Bruxelles en six quartiers. La Grand-Place et le quartier de l'Îlot sacré en représentent le cœur géographique. Au sud-est, le quartier Royal et le Sablon accueillent monuments, chocolatiers et antiquaires. Plus à l'est se trouvent le quartier européen et Etterbeek, ainsi que les nombreux musées du parc du Cinquantenaire. Au sud-ouest s'épanouit l'architecture Art nouveau de Matongé, Ixelles et Saint-Gilles, où se mêlent la communauté africaine et les étudiants, avec boutiques de luxe et bars branchés. Le quartier ouvrier des Marolles, plus au nord, connaît un rapide embourgeoisement. Plus au nord encore, dans les quartiers Sainte-Catherine et Saint-Géry, ateliers de créateurs et bars tendance côtoient de traditionnels marchands de poissons et des troquets usés par le temps. Au-delà, plusieurs secteurs intéressants méritent également le détour.

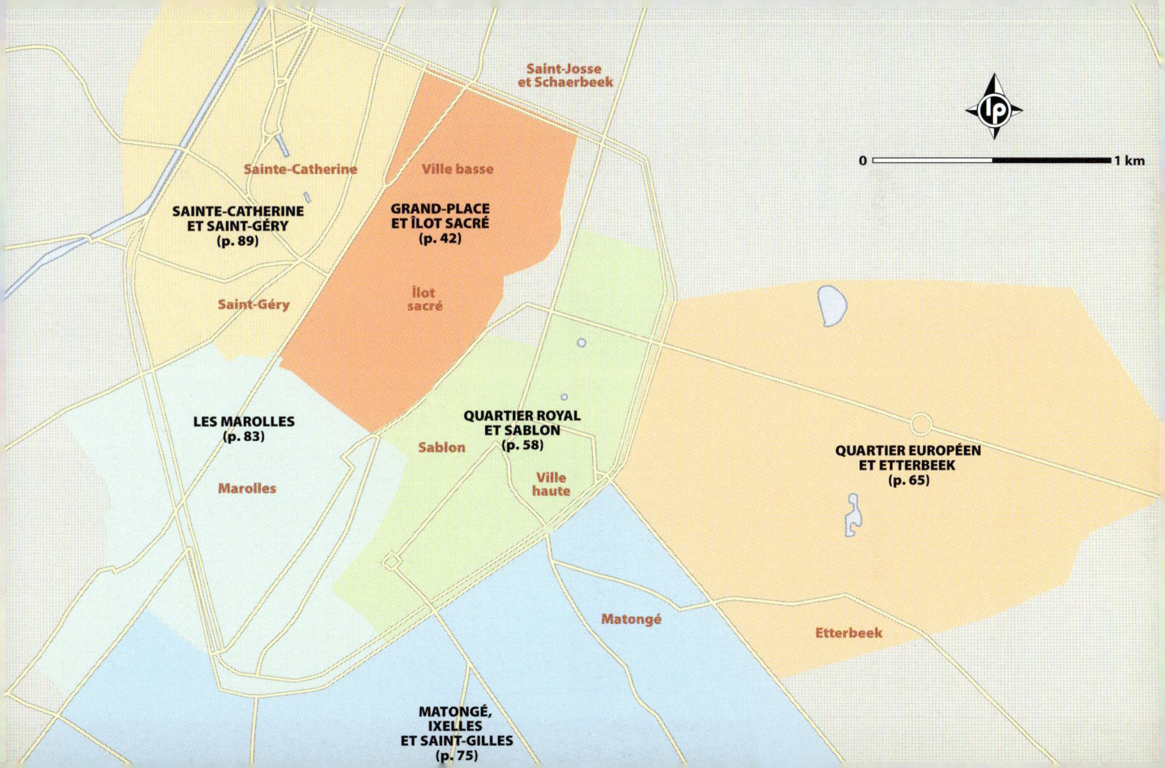
Saint-Josse
et Schaerbeek
0
1 km
Sainte-Catherine
Ville basse
SAINTE-CATHERINE
ET SAINT-GÉRY
(p. 89)
GRAND-PLACE
ET ÎLOT SACRÉ
(p. 42)
Îlot
sacré
Saint-Géry
LES MAROLLES
(p. 83)
Marolles
QUARTIER ROYAL
ET SABLON
(p. 58)
Sablon
Ville
haute
QUARTIER EUROPÉEN
ET ETTERBEEK
(p. 65)
Matongé
Etterbeek
MATONGÉ,
IXELLES
ET SAINT-GILLES
(p. 75)

> GRAND-PLACE ET ÎLOT SACRÉ

C'est sur la Grand-Place, bordée de demeures à pignons bâties par les corporations et flanquée de l'hôtel de ville du XVe siècle, que bat le cœur de Bruxelles. Les pavés de la Grand-Place apparaissent au XIIe siècle, époque à laquelle elle accueille un marché (un Grote Markt en flamand) ; les ruelles environnantes évoquent d'ailleurs encore les herbes, fromages ou volailles qui y étaient vendus.

Pendant le boom immobilier des années 1960, ce quartier médiéval fut menacé de démolition, une perspective qui poussa les propriétaires à créer la "commune libre" de l'Îlot sacré pour en préserver l'architecture. Bien que très touristiques, nombre de rues conservent aujourd'hui une ambiance chaleureuse de quartier.

Autour de ce cœur historique vous attendent des cafés lambrissés, plusieurs galeries couvertes au toit de verre et de nombreux sites incontournables de la capitale, dont le célébrissime Manneken Pis.

GRAND-PLACE ET ÎLOT SACRÉ

VOIR

Centre belge de la BD.....1 E3
Fondation Jacques Brel..2 C7
Hôtel de Ville..................3 B6
Jeanneke Pis.....................4 C5
Manneken Pis....................5 B6
Musée de la Brasserie 6 C6
Musée de la Ville de Bruxelles.................7 C5
Musée du Cacao et du Chocolat.............8 B5
Musée du Costume et de la Dentelle..........9 C6
Musée Scientastic........10 B5

SHOPPING

Boutique Tintin............11 C6
City 2..............................12 D2
De Biertempel..............13 C5
Delvaux 14 C5
Fnac.........................(voir 12)
Galeries Saint-Hubert..15 D5
Neuhaus 16 C5
Passage du Nord...........17 C3
Planète Chocolat..........18 B6
Sterling Books..............19 C4
Waterstones.................20 D2

SE RESTAURER

Arcadi 21 D5
Brasserie de la Roue d'Or..........................22 C6
Dandoy 23 B6
Kokob 24 A6
La Maison du Cygne 25 C6
"Pitta Street" 26 C6
Sea Grill 27 D4

PRENDRE UN VERRE

À la Bécasse..................28 B5
À la Mort Subite 29 D5
Au Soleil 30 A6
Falstaff 31 B5
Fontainas.......................32 A6
Goupil le Fol 33 C6
Le Cirio...........................34 B5

SORTIR

Actor's Studio...............35 C5
Ancienne Belgique 36 B5
Arenberg 37 C5
Duke's............................38 C6
Le You 39 C6
The Music Village 40 B5
Théâtre du Vaudeville..41 C5
Théâtre national 42 C2
Théâtre royal de la Monnaie 43 C4
Théâtre royal de Toone....................44 C5

Voir carte page suivante

VOIR

CENTRE BELGE DE LA BANDE DESSINÉE

02 219 19 80 ; www.comicscenter.net, en flamand et français ; rue des Sables 20 ; adulte/tarif réduit 7,50/6 € ; 10h-18h mar-dim ; M Rogier ;

Ce musée national de la BD porte un regard sérieux sur l'histoire du neuvième art, sa fabrication, ses œuvres et ses artistes fondateurs ainsi que les créateurs d'aujourd'hui. À dire vrai, le tarif est élevé pour la faible étendue des expositions – à moins que vous ne soyez aussi un passionné d'Art nouveau, car le site lui même mérite un détour : le musée occupe d'anciens magasins de tissus, inondés de lumière, conçus en 1906 par l'architecte Art nouveau Victor Horta (voir p. 77). Le Centre abrite aussi une vaste boutique-librairie et un agréable café.

FONDATION JACQUES BREL

02 511 10 20 ; www.jacquesbrel.be ; place de la Vieille Halle aux Blés 11 ; adulte/tarif réduit/moins de 12 ans 5/3,50 €/gratuit ; 10h30-18h mar-sam ; M Gare Centrale

C'est dans un cabaret de sa Belgique natale que le chanteur Jacques Brel (1929-1978) fait ses débuts en 1952, avant d'être propulsé vers la gloire à Paris.

Bulles à gogo au Centre de la bande dessinée

La plupart de ses chansons resteront tournées ver s son "plat pays". Créé par la fille du chanteur, France (un hommage à sa terre d'accueil), ce musée dédié à la mémoire de l'artiste se double d'un centre d'archives, riche de plus d'une centaine d'heures de film, d'autant d'enregistrements sonores ainsi que des milliers d'articles et de photos.

HÔTEL DE VILLE

Grand-Place ; visite 3 € ; visite guidée de 45 min en français 14h30 mar et mer toute l'année, plus 11h30 dim avr-sept ; M Gare Centrale ou prémétro Bourse

Ironie du sort, cet édifice de style gothique et ses gargouilles,

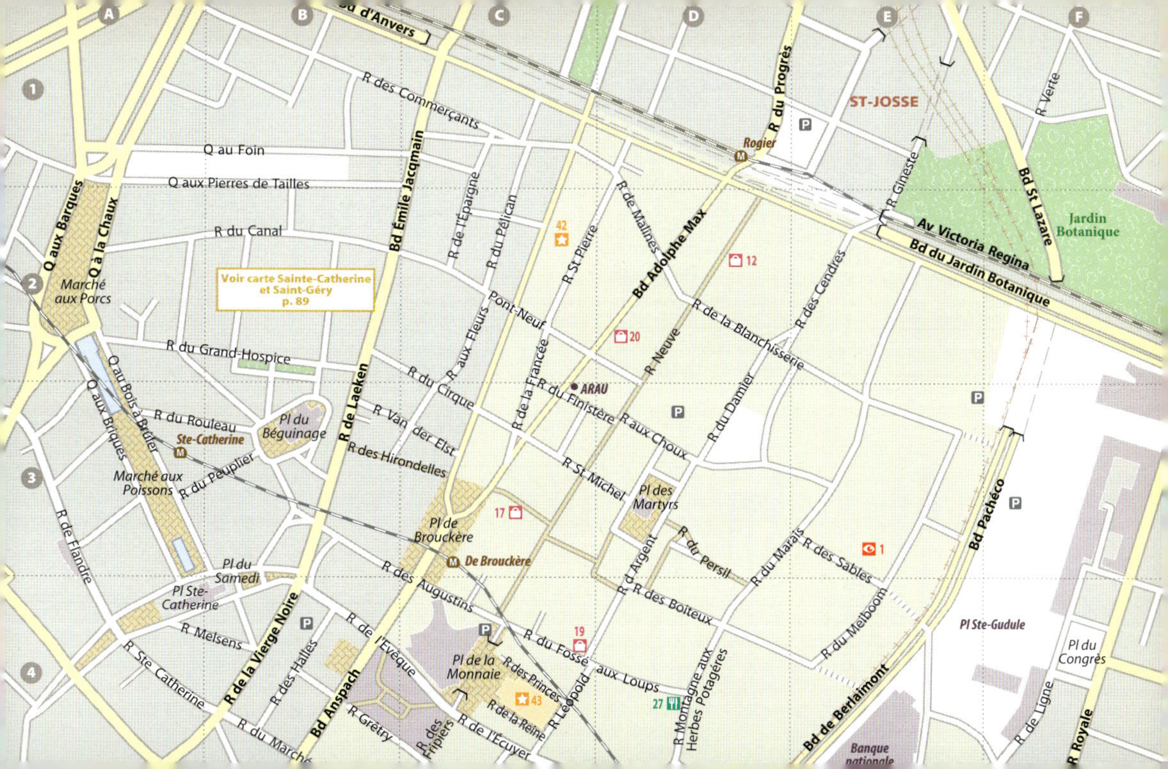
A
B
C
D
E
F
1
2
3
4
ST-JOSSE
Jardin Botanique
Bd St Lazare
R Verte
Av Victoria Regina
Bd du Jardin Botanique
R Gineste
R du Progrès
Rogier
Bd d'Anvers
R des Commerçants
Q au Foin
Q aux Pierres de Tailles
R du Canal
Bd Émile Jacmain
R de l'Épargne
R du Pélican
R St Pierre
R de Malines
Bd Adolphe Max
R des Cendres
R de la Blanchisserie
R Neuve
R du Damier
Pont-Neuf
R aux Fleurs
R de la Francée
R du Finistère
ARAU
R aux Choux
R du Cirque
R Van der Elst
R des Hirondelles
R St Michel
Pl des Martyrs
R du Persil
R d'Argent
R des Boiteux
R du Marais
R des Sables
R du Meiboom
Bd Pachéco
Pl Ste-Gudule
Pl du Congrès
R de Ligne
R Royale
Bd de Berlaimont
Banque nationale
R Montagne aux Herbes Potagères
R du Fossé aux Loups
R Léopold
Pl de la Monnaie
R des Princes
R de la Reine
R de l'Écuyer
R des Fripiers
R Grétry
R de l'Évêque
R des Augustins
Pl de Brouckère
De Brouckère
Bd Anspach
R des Halles
R de la Vierge Noire
R du Marché
R de Laeken
Voir carte Sainte-Catherine et Saint-Géry p. 89
Q aux Barques
Q à la Chaux
Marché aux Porcs
R du Grand-Hospice
Q au Bois à Brûler
Q aux Briques
R du Rouleau
Ste-Catherine
Pl du Béguinage
Marché aux Poissons
R du Peuplier
R de Flandre
Pl du Samedi
Pl Ste-Catherine
R Melsens
R Ste Catherine
42
12
20
17
19
43
27
1

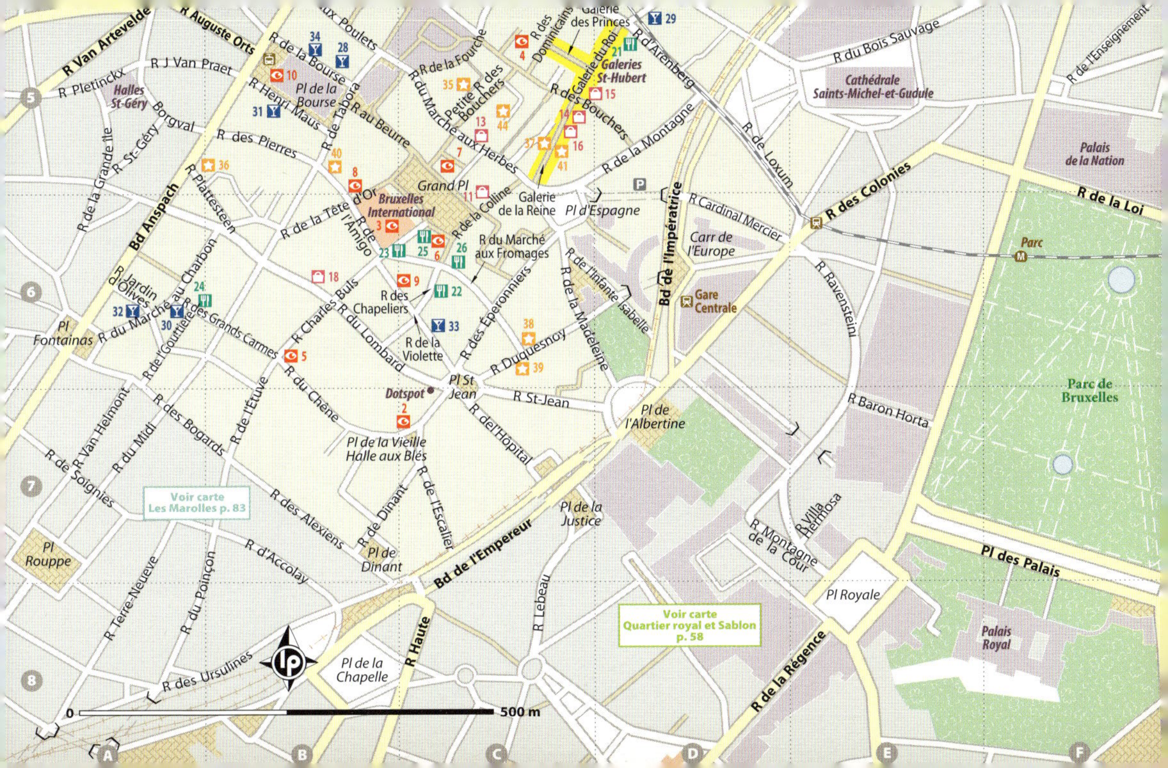

R Van Artevelde
R Auguste Orts
R J Van Praet
R Pletinckx
Halles St-Géry
Borgval
R St-Géry
R de la Grande Île
R de la Bourse
Pl de la Bourse
R Henri Maus
R de Tabora
R au Beurre
R des Pierres
R Plattesteen
Bd Anspach
R de la Fourche
Petite R des Bouchers
R du Marché aux Herbes
R des Dominicains
Galerie des Princes
Galerie du Roi
Galeries St-Hubert
R des Bouchers
R d'Arenberg
R de la Montagne
R de Loxum
R du Bois Sauvage
Cathédrale Saints-Michel-et-Gudule
R de l'Enseignement
Palais de la Nation
R de la Loi
R des Colonies
Parc
Parc de Bruxelles
Grand Pl
Bruxelles International
R de la Tête d'Or
R de l'Amigo
R de la Colline
Galerie de la Reine
Pl d'Espagne
R du Marché aux Fromages
R Cardinal Mercier
Carr de l'Europe
Bd de l'Impératrice
Gare Centrale
R Ravenstein
R de l'Infante Isabelle
R de la Madeleine
R des Éperonniers
R Duquesnoy
R des Chapeliers
R de la Violette
R Charles Buls
R du Lombard
Pl St Jean
R St-Jean
Dotspot
Pl de la Vieille Halle aux Blés
R de l'Hôpital
Pl de l'Albertine
R Baron Horta
R Villa Hermosa
R Montagne de la Cour
Pl Royale
Pl des Palais
Palais Royal
R de la Régence
Jardin d'Olives
R du Marché au Charbon
R des Grands Carmes
R de l'Gouttière
Pl Fontainas
R de l'Étuve
R du Chêne
R Van Helmont
R du Midi
R des Bogards
R de Soignies
Voir carte Les Marolles p. 83
R des Alexiens
R de Dinant
R de l'Escalier
Pl de Dinant
Pl de la Justice
Bd de l'Empereur
R Lebeau
Voir carte Quartier royal et Sablon p. 58
Pl Rouppe
R Terre-Neuve
R du Poinçon
R d'Accolay
R des Ursulines
Pl de la Chapelle
R Haute
0
500 m
A
B
C
D
E
F
5
6
7
8

LES CORPORATIONS DE LA GRAND-PLACE

Les maisons à colombages des corporations furent détruites lors du bombardement français de 1695 et reconstruites en cinq ans. Admirez leurs détails ornementaux et sachez les reconnaître :

> n° 2 : Le Roi d'Espagne ; boulangers
> n° 3 : La Brouette ; graissiers
> n° 4 : Le Sac ; tonneliers
> n° 5 : La Louve ; archers
> n° 6 : Le Cornet ; bateliers
> n° 7 : Le Renard ; merciers
> n° 8 : L'Étoile
> n° 9 : Le Cygne ; bouchers
> n° 10 : L'Arbre d'or ; brasseurs
> N° 26 et 27: Le Pigeon ; artistes

érigés en 1402, furent les seuls sur la Grand-Place à échapper au bombardement français de 1695, pendant la guerre de la Ligue d'Augsbourg, alors même qu'ils en étaient la cible. Orné de sculptures, son beffroi haut de 96 m est surmonté d'une statue de saint Michel, le patron de Bruxelles. Le monument abrite aujourd'hui l'office du tourisme, Bruxelles International (p. 207).

JEANNEKE PIS

impasse de la Fidélité ; M Gare Centrale ou prémétro Bourse

Tout près de la rue des Bouchers, cette réponse féminine au Manneken Pis (voir ci-contre) est l'œuvre du sculpteur Denis-Adrien Debouvrie, qui l'installa ici en 1985 ; elle est le plus souvent cachée par une grille fermée à clé.

MANNEKEN PIS

angle rue de l'Étuve et rue du Chêne ; M Gare Centrale ou prémétro Bourse ; ♿

C'est à trois rues, bordées de boutiques de souvenirs, de la Grand-Place que se trouve la star de Bruxelles. Ce petit bonhomme est l'œuvre de Jérôme Duquesnoy (voir page suivante pour en savoir plus). L'office du tourisme (dans l'hôtel de ville, p. 41) vous précisera quand il doit revêtir l'un de ses costumes de fête (ils sont exposés au musée de la Ville de Bruxelles, p. 46) et quand, de cette gaillarde fontaine, jaillit non plus de l'eau mais de la bière ou du vin.

MUSÉE DE LA BRASSERIE

☎ 02 511 49 87 ; www.beerparadise.be ; Grand-Place 10 ; 5 € ; 🕑 10h-17h tlj avr-nov,

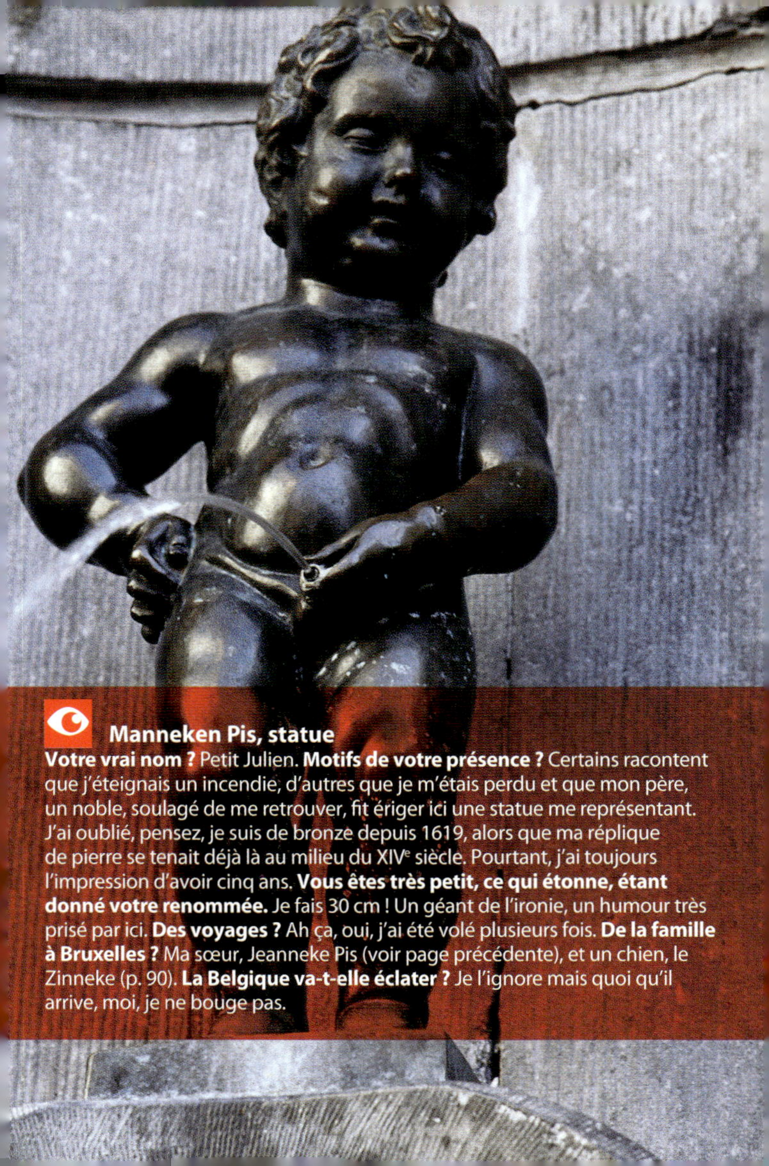

Manneken Pis, statue

Votre vrai nom ? Petit Julien. **Motifs de votre présence ?** Certains racontent que j'éteignais un incendie, d'autres que je m'étais perdu et que mon père, un noble, soulagé de me retrouver, fit ériger ici une statue me représentant. J'ai oublié, pensez, je suis de bronze depuis 1619, alors que ma réplique de pierre se tenait déjà là au milieu du XIVe siècle. Pourtant, j'ai toujours l'impression d'avoir cinq ans. **Vous êtes très petit, ce qui étonne, étant donné votre renommée.** Je fais 30 cm ! Un géant de l'ironie, un humour très prisé par ici. **Des voyages ?** Ah ça, oui, j'ai été volé plusieurs fois. **De la famille à Bruxelles ?** Ma sœur, Jeanneke Pis (voir page précédente), et un chien, le Zinneke (p. 90). **La Belgique va-t-elle éclater ?** Je l'ignore mais quoi qu'il arrive, moi, je ne bouge pas.

12h-17h sam et dim déc-mar ; Ⓜ Gare Centrale ou prémétro Bourse
Installé dans la maison des Brasseurs et présentant du matériel du XVIIIe siècle, le musée bruxellois de la brasserie se veut authentique. Reste que le visiteur est souvent déçu par sa petite taille et le fait qu'aucune bière n'y soit effectivement brassée (quoiqu'une bière soit offerte à la fin de la visite).
Pour voir une vraie brasserie en action, direction la brasserie Cantillon, au Musée bruxellois de la Gueuze (p. 84).

MUSÉE DE LA VILLE DE BRUXELLES

☎ 02 279 43 50 ; www.brucity.be ; maison du Roi, Grand-Place ; adulte/tarif réduit 3/2,50 € ; 🕓 10h-17h mar-dim ; Ⓜ Gare Centrale ou prémétro Bourse
Aucun souverain n'a jamais résidé dans cette Maison du Roi, mais le musée donne à voir près de 780 costumes (dont un déguisement d'Elvis !) appartenant à sa majesté le Manneken Pis (p. 44) et dont il se pare pour les grandes occasions. Parmi les autres atouts du musée figure le *Cortège de Noces* (1567) de Bruegel l'Ancien,

Tintin de A à Z, et bien plus encore

ainsi que des cartes et peintures retraçant l'histoire de la ville.

MUSÉE DU CACAO ET DU CHOCOLAT

☎ 02 514 20 48 ; www.mucc.be ; rue de la Tête d'Or 9 ; adulte/tarif réduit/moins de 12 ans 5/4 €/gratuit ; 10h-16h30 tlj juil et août, 10h-16h30 mar-dim sept-juin ; M Gare Centrale ou prémétro Bourse

Vous découvrirez ici l'histoire du chocolat et du cacao en Europe ainsi que leurs vertus anti-vieillissement et antidépressives. Entre autres plaisirs, la visite comprend une dégustation lors de la démonstration de fabrication de pralines. Les plus gourmands préféreront peut-être apprendre eux-mêmes à faire des pralines lors d'un cours d'une heure : renseignements par téléphone.

MUSÉE DU COSTUME ET DE LA DENTELLE

☎ 02 213 44 50 ; rue de la Violette 12 ; 3 € ; 10h-12h30 et 13h30-17h lun, mar, jeu et ven, 14h-17h sam et dim ; M Gare Centrale ;

La dentelle est l'un des arts es plus délicats (et les plus éprouvants pour les yeux) exercés en Flandre depuis le XVIe siècle. Alors que la *kloskant* (dentelle au fuseau) serait née à Bruges (p. 109), la *naaldkant* (à l'aiguille), mise au point en Italie, était surtout fabriquée à Bruxelles. Ce musée présente les usages de la dentelle dans l'habillement au fil des siècles et donne à voir d'autres prestigieux tissus dont des broderies.

MUSÉE SCIENTASTIC

☎ 02 732 13 36 ; www.scientastic.com ; bd Anspach, dans la station de prémétro Bourse ; adulte/tarif réduit 7,10/5,60 € ; 10h30-17h30 lun, mar, jeu et ven, 14h-17h30 mer, sam et dim ; Bourse

Après quelques heures ici, les plus de six ans finissent par trouver les sciences super amusantes : dans ce musée interactif, changez votre voix en celle d'un canard, envolez-vous grâce à des miroirs et jouez avec vos cinq sens. Imbattable les jours de pluie.

SHOPPING

La rue Neuve, piétonne et bordée d'enseignes de chaînes de grands magasins, est noire de monde le samedi après-midi. Le centre-ville compte également plusieurs galeries couvertes, certaines sublimes, d'autres plus communes. Les collectionneurs de BD seront à la fête dans le sud du bd Anspach et de la rue du Midi.

BOUTIQUE TINTIN *BD*

☎ 02 514 51 52 ; rue de la Colline 13 ; 10h-18h lun-sam, 11h-17h dim ; M Gare Centrale

Le reporter d'Hergé est la star de cette boutique : albums à gogo et jolies figurines.

CITY 2

Centre commercial

rue Neuve 123 ; M Rogier

Ce centre commercial rassemble les mêmes sempiternelles enseignes, mais également une Fnac, qui vend notamment du matériel électronique et des billets de spectacles (voir p. 167). Au sous-sol se trouve un bureau de poste et un espace restauration au-dessus de la moyenne : les samossas, currys et naans de Ganesh sont excellents.

DE BIERTEMPEL *Bières*

☎ 02 502 19 06 ; rue du Marché aux Herbes 56 ; 9h30-19h ; prémétro Bourse

Ce "temple de la bière" vend plus de 700 crus et les verres assortis.

DELVAUX *Accessoires*

galerie de la Reine 31 ; 10h-18h30 lun-sam ; M Gare Centrale

Des sacs sublimes à admirer chez ce maroquinier belge fondé en 1829.

GALERIES ROYALES SAINT-HUBERT

Galerie marchande

Par la rue du Marché aux Herbes ; M Gare Centrale

Inaugurée en 1847, la première galerie marchande couverte d'Europe se compose de trois passages reliés sous une immense verrière : la galerie du Roi, la galerie de la Reine et, perpendiculaire, la plus petite galerie des Princes. S'y côtoient un cinéma, un théâtre, des cafés et toutes sortes de boutiques (chocolats, livres et musique, mode et accessoires, dont le maroquinier Delvaux).

NEUHAUS *Chocolats*

☎ 02 512 63 59 ; galerie de la Reine 25 ; 10h-20h lun-sam, 10h-19h dim ; M Gare Centrale

Derrière des vitraux se cache la première boutique de l'inventeur de la praline belge, ouverte en 1857.

PASSAGE DU NORD

Galerie marchande

par la rue Neuve ; M De Brouckère

Les boutiques de qualité, installées sous la verrière de ce passage couvert, en font un bon endroit pour, notamment, s'abriter de la pluie.

PLANÈTE CHOCOLAT

Chocolats, salon de thé

☎ 02 511 07 55 ; www.planetechocolat.be ; rue du Lombard 24 ; 11h-18h30 mar-sam ; prémétro Bourse

Des démonstrations de fabrication de pralines ont lieu le samedi à 16h (7 €) chez ce chocolatier novateur connu pour ses "bouquets" et autres créations originales. Si le temps le permet, installez-vous en terrasse pour boire un chocolat chaud.

SE RESTAURER

ARCADI *Bistrot* €

02 511 33 43 ; rue d'Arenberg 1b ; 7h-23h ; M Gare Centrale

Les gâteaux alléchants et les tartes aux fruits de ce bistrot classique séduisent de nombreux Bruxellois. Autres choix : des plats à prix raisonnable comme le gratin d'aubergines, le tout servi non-stop par une équipe avenante.

BRASSERIE DE LA ROUE D'OR *Belge* €€

02 514 25 54 ; rue des Chapeliers 26 ; 12h-24h, août-juin ; M Gare Centrale

Envie de goûter à une cuisine belge généreuse et traditionnelle ? Suivez les habitants et installez-vous à la Roue d'Or, dont la déco a été inspirée par les surréalistes bruxellois.

DANDOY

Biscuiterie et salon de thé

02 512 65 88 ; www.biscuiteriedandoy.be ; rue Charles Buls 14 ; 9h30-18h30 lun-sam, 10h30-18h30 dim ; M Gare Centrale

Fondée en 1829, cette biscuiterie réputée a cinq boutiques à Bruxelles, celle-ci se doublant d'un salon de thé. Le chocolat des biscuits nappés est fabriqué par Laurent Gerbaud (voir l'entretien p. 93).

KOKOB

Éthiopien €€

02 511 19 50 ; www.kokob.be ; rue des Grands Carmes 10 ; restaurant 18h30-23h lun,

DOUCEURS BRUXELLOISES

Bruxelles a deux biscuits typiques, très différents l'un de l'autre. Le pain dit "à la grecque" est un long rectangle roulé dans du sucre cristallisé. Son nom est une déformation du néerlandais "Brood Van de Gracht", soit le "pain du fossé", car il était distribué à l'origine aux pauvres par les pères augustins près du lieu dit du Fossé aux Loups.

Aromatisé à la cannelle, à la muscade et au clou de girofle, le spéculoos (*speculaas*) est un biscuit traditionnel de la Saint-Nicolas (6 décembre), le patron des écoliers. La tradition veut que le jour de sa fête, les enfants sages soient récompensés par des gâteaux et des cadeaux.

Ces deux biscuits sont vendus toute l'année chez **Dandoy** (ci-dessus).

12h-15h et 18h30-23h30 mar-dim ; bar 18h30-24h lun, 11h-24h mar-jeu et dim, 11h-2h ven et sam ; prémétro Annessens ou Bourse
On déguste dans ce vaste bar/restaurant/centre culturel éthiopien de petits plats à partager, comme des aubergines épicées ou des épinards finement hachés au fromage déposés sur une grande *injera* (crêpe), cette crêpe étant également à découper en morceaux pour saisir la nourriture. Si vous commandez un pot de café éthiopien (8 €), comptez 15 minutes d'attente, le temps de la torréfaction, et attendez-vous à déborder d'énergie.

POUR UN REPAS SUR LE POUCE

Auvents ornés de guirlandes lumineuses, étals d'huîtres installés sur le pavé et serveurs en tablier hélant les passants, autant d'indices qui signalent la rue des Bouchers, perpendiculaire aux galeries Saint-Hubert. Une artère très touristique dont les Bruxellois se tiennent à distance, étant donné l'absence de véritable bon restaurant... Pour un repas rapide, allez plutôt rue du Marché aux Fromages, non loin. Elle est aujourd'hui surnommée "Pitta Street" en raison des nombreuses enseignes préparant kébabs ou falafels, sur place ou à emporter, de 12h à 6h environ.

LA MAISON DU CYGNE

Belge €€€

02 511 82 44 ; www.lamaisonducygne.be ; rue Charles Buls 2 ; 12h15-14h et 19h15-22h lun-ven, 19h15-22h sam ; M Gare Centrale
Dans cet élégant restaurant à l'étage, demandez une table donnant sur la Grand-Place pour déguster des classiques belges hors de prix mais superbement préparés. Le service est plus qu'attentif et la carte des vins remarquable. En cas de budget serré mais d'envie de grandeur, tentez votre chance au bar Ommengang, en dessous (12h-14h du lundi au vendredi), proposant un menu au déjeuner à 18 € avec une demi-bouteille d'eau.

SEA GRILL

Fruits de mer €€€

02 227 91 25 ; Radisson SAS Royal Hotel, rue du Fossé aux Loups 47 ; 12h-14h et 19h-22h ; M De Brouckère
Difficile de deviner que ce cadre très années 1980, avec son atrium avec ascenseur et la musique qui va avec, recèle la meilleure cuisine de la mer de Bruxelles. Pourtant, au Sea Grill, restaurant étoilé au Michelin, le chef Yves Mattagne et son équipe font des merveilles dans leur cuisine ouverte.

L'ART DE LA GAUFRE

Manger une gaufre pourrait bien être un moyen imbattable de distinguer le Belge du touriste. Un habitant d'outre-Quiévrain ne commandera jamais cette pâtisserie couverte de chantilly, de chocolat et autres nappages (de fruits, à la rigueur). La gaufre de Bruxelles (p. 151) – un rectangle léger de 20 "carrés" à déguster dans les salons de thé et les brasseries – est traditionnellement beurrée et saupoudrée de sucre glace. La gaufre de Liège, vendue sur des petits stands comme ceux de Belgaufra, est plus ronde et plus lourde ; la pâte étant déjà préparée avec du sucre, on n'en rajoute pas. Ces deux variantes sont vendues dans tout le pays.

Laissez-vous tenter par le homard de Bretagne, décortiqué dans une presse adaptée comme il n'en existe que quatre au monde et préparé sous vos yeux.

PRENDRE UN VERRE

Le centre-ville en a pour tous les goûts, du vieux café traditionnel aux bars rétro décontractés en passant par des splendeurs de l'Art nouveau. Les élégants cafés de la Grand-Place ne sont pas aussi hors de prix qu'on pourrait s'y attendre. La rue du Marché au Charbon est le cœur du Bruxelles gay.

À LA BÉCASSE *Pub*

☎ 02 511 00 06 ; rue de Tabora 11 ; 10h-1h lun-sam, 11h-24h dim ; M Gare Centrale

Cette salle tout en longueur, patinée par le temps, aux habitués pleins d'allant est l'adresse idéale pour un lambic.

À LA MORT SUBITE

Pub, brasserie

☎ 02 513 13 18 ; www.alamortsubite.com ; rue Montagne aux Herbes potagères 7 ; 11h-0h30 lun-sam, 12h-24h dim ; M Gare Centrale

Hautes colonnes carrées, patères en laiton, immenses

À la Mort Subite, un café et une bière "mortels"

miroirs, bois vernis et banquettes de cuir offrent un cadre de choix pour goûter une gueuze Mort Subite. Si cette bière vous semble trop amère, commandez une kriek (à la cerise) ou une framboise, à agrémenter d'en-cas traditionnels, à moins de 10 €. Voir également l'encadré ci-dessous.

AU SOLEIL *Bar*

☎ 02 513 34 30 ; rue du Marché au Charbon 86 ; 10h30-tard ; prémétro Bourse

Dans une ancienne boutique de vêtements, voilà un bar au chic dépenaillé. Au programme : de la musique attrayante et des boissons étonnamment bon marché pour ce repaire de branchés à lunettes de soleil.

À LA MORT SUBITE

Le nom de ce bistrot (p. 51) date de 1910. Les employés de la Banque nationale de Belgique allaient alors déjeuner au bar voisin tenu par Théophile Vossen, La Cour Royale, et jouaient au 421. Avant de retourner au travail, la dernière partie se jouait en un coup, d'où son surnom de "mort subite". En 1928, Théophile déménagea son établissement à l'adresse actuelle, et rebaptisa l'établissement À la mort subite. Une bière lambic (à fermentation spontanée) prendra ensuite le nom du café. Aujourd'hui, cette enseigne à la déco superbement préservée reste tenue par la quatrième génération des Vossen.

FALSTAFF *Bar*

☎ 02 511 87 89 ; rue Henri Maus 17 ; 10h-2h ; prémétro Bourse

Une opulence de miroirs et de verreries Art nouveau qui mérite le coup d'œil.

FONTAINAS *Bar*

☎ 02 503 31 12 ; rue Marché au Charbon 91 ; 10h-tard lun-ven, 11h-tard sam et dim ; prémétro Bourse

Dans ce bar très tendance avec sièges en vinyle déchiré, tables et éclairages très sixties et carreaux fendillés, on passe en journée pour lire son journal et, dès la nuit tombée, faire la fête.

GOUPIL LE FOL *Bar*

☎ 02 511 13 96 ; rue de la Violette 22 ; 21h-5h ; M Gare Centrale

Impossible ne pas tomber amoureux (ou d'en avoir envie) en sirotant un vin aromatisé aux fruits dans ce bar romantique à deux pas de la Grand-Place. L'endroit est plein de coins et de recoins rempli de disques vinyles et de peintures, avec Brel et compagnie en toile de fond.

LE CIRIO *Bar*

☎ 02 512 13 95 ; rue de la Bourse 18 ; 10h-1h ; prémétro Bourse

DU CAFÉ OU SON ERSATZ ?

Si la Belgique fabrique de succulentes bières, on ne peut pas en dire autant de son café. La mousse du capuccino est souvent remplacée par de la crème fouettée artificielle, et le café au lait, surnommé "lait russe", tient généralement davantage du lait au café (les Flamands l'appellent d'ailleurs *koffie verkeerd,* ou "faux café"). Si vous demandez simplement un "café", on vous apportera une tasse de café noir (appelé expresso quelle que soit la machine utilisée), accompagné d'un pot de lait et d'un petit chocolat ou d'un spéculoos.

Assez touristique mais toujours fréquenté par des Bruxellois amateurs du fameux *half-en-half* (moitié vin, moitié mousseux), cet élégant café datant de 1886 semble ancré dans l'histoire, avec moult bois sombre, vitrines et éclairages créant une ambiance aux tons sépia.

SORTIR

ACTOR'S STUDIO *Cinéma*

☎ 02 512 16 96 ; Petite Rue des Bouchers 16 ; prémétro Bourse
Ces trois petites salles programment des films art et essai et des reprises grand public, avec sur place un bar minuscule.

ANCIENNE BELGIQUE *concerts*

☎ 02 548 24 00 ; www.abconcerts.be ; bd Anspach 110 ; prémétro Bourse
Les deux salles de l'AB accueillent une excellente sélection de concerts, notamment du rock pur jus, avec des groupes étrangers et belges. Sur place, le bar-restaurant est de qualité et ouvre à 18h (réservation impérative).

ARENBERG *Cinéma*

☎ 02 512 80 63 ; www.arenberg.be, en flamand et français ; galerie de la Reine 26, galeries Saint-Hubert ; M Gare Centrale
Dans les galeries royales Saint-Hubert (p. 48), cette salle à la décoration Art déco (voir aussi p. 166) met à l'honneur le cinéma étranger et art et essai.

DUKE'S *Club*

☎ 02 639 14 00 ; www.dukes.be ; rue de l'Homme chrétien ; tarif d'entrée variable ; 23h30-6h jeu-sam ; M Gare Centrale
Décoré dans un style kitsch à l'extrême (du velours partout !) par Miguel Cancio Martins du célèbre Buddha Bar, à Paris, ce club installé dans l'hôtel Royal Windsor séduit les plus de 30 ans. Côté programmation : un mix

La belle façade du Théâtre royal de la Monnaie, où est née la Belgique

des succès des années 1980 et des sons plus contemporains.

LE YOU *Club*

☎ 02 639 14 00 ; www.leyou.be ; rue Duquesnoy 18 ; jeu-sam 10 €, dim 6 € ; 23h-5h jeu, 11h30-6h ven et sam, 20h-2h dim ; M Gare Centrale

Sans grande originalité mais avec un emplacement de rêve tout près de la Grand-Place. Un labyrinthe de pistes de danse et de salles de détente. Thés dansants gay le dimanche.

THE MUSIC VILLAGE *Jazz*

☎ 02 513 13 45 ; www.themusicvillage.com ; rue des Pierres 50 ; 7,50-20 €, supplément 2 € adhésion temporaire ; prémétro Bourse

Ces deux maisons du XVIIe siècle ouvrent à 19h30, mais consultez la programmation sur le site Internet et réservez à l'avance. Les concerts débutent une heure plus tard, avec des sons éclectiques, de Cuba à la Pologne en passant par le jazz chilien, les cuivres de la Nouvelle-Orléans ou les standards de Sinatra.

THÉÂTRE DU VAUDEVILLE

Théâtre

☎ 02 512 57 45 ; galerie de la Reine 13-15, galeries Saint-Hubert ; Ⓜ Gare Centrale
Spectacles de cabaret, concerts et représentations théâtrales ont lieu dans ce vieux théâtre des galeries Saint-Hubert. Le programme est disponible dans le hall à l'intérieur des galeries.

THÉÂTRE NATIONAL

Théâtre

☎ 02 203 41 55 ; www.theatrenational.be, en français ; bd Émile Jacqmain 111-115 ; Ⓜ Rogier
En raison de son bilinguisme, la capitale belge a non pas un mais deux théâtres nationaux. Avec sa façade en verre, celui-ci, flambant neuf, est le pendant francophone du Koninklijke Vlaamse Schouwburg (p. 98).

THÉÂTRE ROYAL DE LA MONNAIE/KONINKLIJKE MUNTSCHOUWBURG

Opéra, danse

☎ 02 229 13 72 ; place de la Monnaie ; Ⓜ De Brouckère
Un opéra joué dans ce lieu magnifique inspira la révolution de 1830 (voir p. 177), qui devait entraîner l'indépendance de la Belgique.
À voir, danse contemporaine et opéras classiques et récents.

THÉÂTRE ROYAL DE TOONE

Théâtre de marionnettes

☎ 02 511 71 37 ; www.toone.be ; Petite Rue des Bouchers 21 ; 10 € ; 🕓 20h30 jeu-sam et 16h sam, fermé janv ; Ⓜ Gare Centrale
Depuis huit générations, la famille Toone met en scène des spectacles traditionnels de marionnettes en dialecte bruxellois dans ce charmant théâtre, incontournable pour les visiteurs de la capitale.
Si les adultes sont visés, les enfants adorent eux aussi. Tarif réduit à 7 € pour les enfants et autres bénéficiaires sauf les vendredi et samedi soir. Sur place, le bar est ouvert de 12h à minuit.

> QUARTIER ROYAL ET SABLON

Au sud-est de la Grand-Place, le quartier royal et le Sablon renferment le palais Royal, le grandiose palais de justice et le quartier du Mont des Arts, où les plus beaux musées de Bruxelles ne sont qu'à quelques encablures les uns des autres. Parmi ces derniers figurent les musées royaux des Beaux-Arts, le musée des Instruments de musique et le musée BELvue (musée national d'histoire), ainsi que le Bozar (centre culturel du Palais des Beaux-Arts).

Antiquaires, salons de thé et chocolateries fréquentés par d'élégants Bruxellois bordent la place du Grand Sablon et ses alentours. C'est là, autour de la fontaine centrale du XVIIIe siècle, que se tient, le week-end, un salon d'antiquités haut de gamme.

À l'extrême raffinement du quartier s'ajoute le charme de jolies églises et du beau parc de Bruxelles.

QUARTIER ROYAL ET SABLON

VOIR

Cathédrale Saints-Michel-et-Gudule 1 E1
Église Notre-Dame du Sablon 2 D4
Musée BELvue 3 E3
Musée d'Art ancien..... (voir 4)
Musée d'Art moderne..(voir 4)
Musée René Magritte..(voir 4)
Musées Royaux des Beaux-Arts 4 D4
Palais de justice....... 5 C6
Palais Royal 6 E4
Place du Petit Sablon 7 D5
Musée des Instruments de musique et terrasse panoramique 8 C5

SHOPPING

Mary's....... 9 F1
Pierre Marcolini....... 10 C4
Marché des antiquaires du Sablon 11 D4
Wittamer (boutique) ... 12 D4

SE RESTAURER

Le Perroquet....... 13 C4
Lola....... 14 D4

PRENDRE UN VERRE

Le Bier Circus....... 15 F1
Wittamer (pâtisserie et salon de thé)....... 16 D4

SORTIR

Bozar 17 E3
Musée du Cinéma 18 E3

Voir carte page suivante

VOIR

Le week-end, un pass unique (en vente dans les musées ; 11 € la journée du samedi ou du dimanche) donne accès à l'ensemble du **Mont des Arts** (☎ 02 507 12 12 ; www.montdesarts.be), avec 15 sites à visiter.

CATHÉDRALE SAINTS-MICHEL-ET-GUDULE

www.cathedralestmichel.be ; place Sainte-Gudule ; cathédrale entrée libre, musée du Trésor ou crypte 1 €, musée et crypte 2,50 € ; 8h-18h ; M Gare Centrale

S'élevant au milieu d'un océan de bâtiments du XXe siècle, la cathédrale de Bruxelles et ses deux tours portent les noms des deux saints patrons de la capitale. La construction débuta en 1226 pour ne s'achever que trois siècles plus tard, en témoignent l'éclectisme des styles architecturaux, du roman à la Renaissance. Descendez dans la crypte pour découvrir les vestiges d'une chapelle romane du XIe siècle.

ÉGLISE NOTRE-DAME DU SABLON

☎ 02 511 57 41 ; rue de la Régence 3b ; 9h-18h lun-ven, 10h-18h sam et dim ; M Porte de Namur

Dans cette église de la fin du gothique érigée par une guilde d'arbalétriers au début du XIVe siècle, le soleil illumine les vitraux et répand sa lumière sur des chapelles baroques et une chaire aux sculptures délicates.

MUSÉE BELVUE

☎ 02 545 08 00 ; www.belvue.be ; place des Palais 7 ; adulte/tarif réduit 3/2 € ; 10h-18h mar-dim juin-sept, 10h-17h mar-dim oct-mai ; M Parc ; ♿

Dans cette ancienne résidence royale, une visite audioguidée retrace l'histoire de la Belgique de l'indépendance à nos jours, à découvrir via expositions et archives filmées. L'été, le restaurant du musée s'agrémente d'une terrasse dans les charmants jardins.

MUSÉE DES INSTRUMENTS DE MUSIQUE ET TERRASSE

☎ 02 545 01 30 ; www.mim.fgov.be ; rue Montagne de la Cour 2 ; adulte/tarif réduit 5/4 € ; 9h30-17h mar-ven, 10h-17h sam et dim ; M Gare Centrale ou Parc ; ♿

Coiffé d'un casque, il vous suffit de passer devant les précieux instruments (dont des instruments du monde et des inventions d'Adolphe Sax) pour les entendre jouer. Le musée est aussi fascinant que l'édifice Old England qui l'abrite. Ces anciens grands

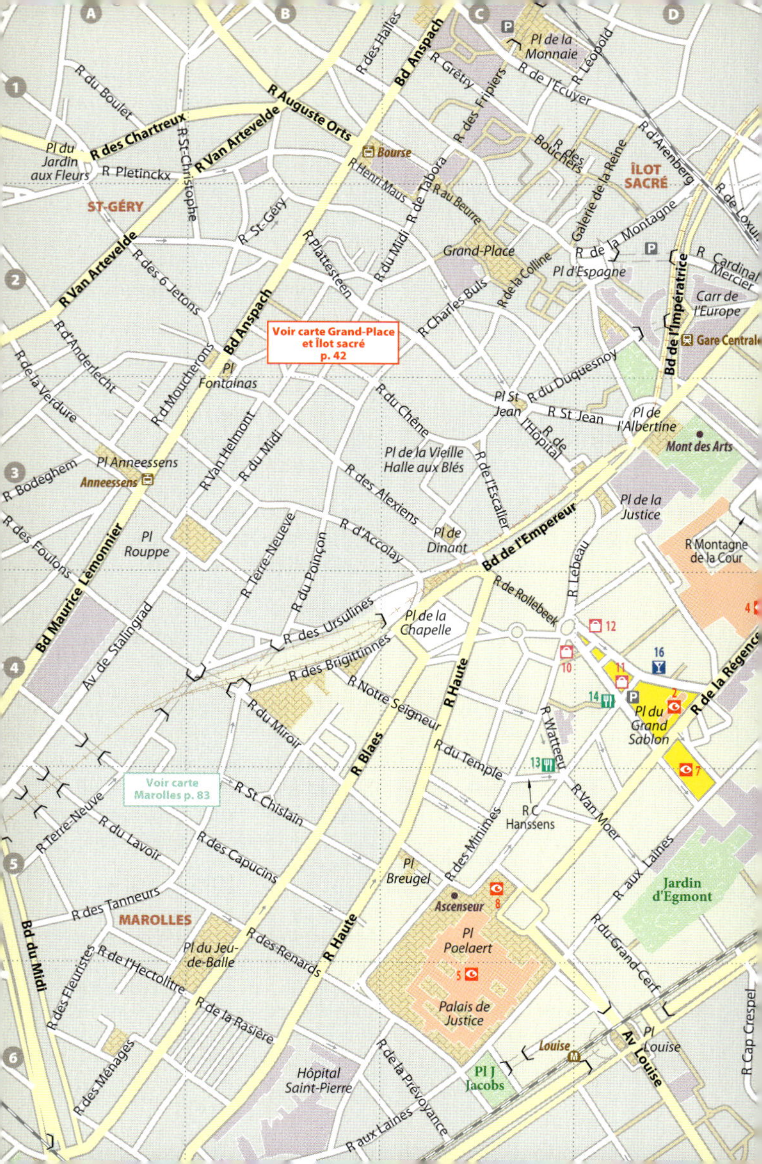
A
B
C
D
1
2
3
4
5
6
R du Boulet
R des Chartreux
Pl du Jardin aux Fleurs
R Pletinckx
R St-Christophe
R Van Artevelde
R Auguste Orts
Bd Anspach
R des Halles
R Grétry
R des Fripiers
Pl de la Monnaie
R de l'Ecuyer
R Léopold
Bourse
R Henri Maus
R de Tabora
R au Beurre
R des Bouchers
Galerie de la Reine
ÎLOT SACRÉ
R d'Arenberg
R de Loxum
ST-GÉRY
R St-Géry
R Plattesteen
R du Midi
Grand-Place
R de la Colline
R de la Montagne
Pl d'Espagne
R Cardinal Mercier
Carr de l'Europe
Bd de l'Impératrice
Gare Centrale
R des 6 Jetons
R Charles Buls
Voir carte Grand-Place et Îlot sacré p. 42
R d'Anderlecht
R de la Verdure
R des Moucherons
Pl Fontainas
R du Chêne
Pl St Jean
R du Duquesnoy
R St Jean
R de l'Hôpital
Pl de l'Albertine
Mont des Arts
Pl Anneessens
Anneessens
R Bodeghem
R Van Helmont
Pl de la Vieille Halle aux Blés
R de l'Escalier
R des Alexiens
Pl de la Justice
R des Foulons
Pl Rouppe
R Terre-Neuve
R du Poinçon
R d'Accolay
Pl de Dinant
Bd de l'Empereur
R Lebeau
R Montagne de la Cour
Bd Maurice Lemonnier
Av de Stalingrad
R des Ursulines
Pl de la Chapelle
R de Rollebeek
12
10
11
16
R des Brigittinnes
R Notre Seigneur
R Haute
14
Pl du Grand Sablon
2
R de la Régence
4
R du Miroir
R Blaes
R Watteeu
R du Temple
13
7
Voir carte Marolles p. 83
R St Ghislain
R C Hanssens
R Van Moer
R Terre-Neuve
R du Lavoir
R des Capucins
R des Minimes
Pl Breugel
R aux Laines
Jardin d'Egmont
R des Tanneurs
MAROLLES
Ascenseur
8
Bd du Midi
Pl du Jeu-de-Balle
R des Renards
Pl Poelaert
5
R du Grand-Cerf
R des Fleuristes
R de l'Hectolitre
Palais de Justice
R de la Rasière
Pl Louise
Louise
Av Louise
R Cap Crespel
R des Ménages
Hôpital Saint-Pierre
R de la Prévoyance
Pl J Jacobs
R aux Laines

E
F
G
H
1
2
3
4
5
6
Bd de Berlaimont
Congrès
R du Congrès
Bd Bisschoffsheim
Pl Madou
Chaussée de Louvain
Madou
9
15
R de Ligne
Banque nationale
R Royale
R de l'Enseignement
R de la Presse
Porte de Louvain
Pl Surlet de Chokier
R de la Croix de Fer
R du Bois Sauvage
Pl Ste Gudule
1
R de Louvain
R Hamer
R des Colonies
R de la Loi
Palais de la Nation
R Joseph II
Arts-Loi
Parc
Théâtre du Parc
R de la Loi
R Joseph II
R Ravenstein
Av des Arts
Voir carte Quartier européen et Etterbeek p. 65
R de la Loi
Parc de Bruxelles
R Baron Horta
Bd du Régent
R Guimard
R Jacques de Lalaing
17
18
R Ducale
Square Frère-Orban
Pl des Palais
3
R de l'Industrie
R d'Arlon
Pl Royale
6
R Belliard
R du Commerce
R Montoyer
R de Trèves
Trône
R Bréderode
Pl du Trône
R du Luxembourg
R de la Science
R de Namur
Square de Meeûs
R Marie de Bourgogne
Pl du Luxembourg
Porte de Namur
R du Champ de Mars
Rue Caroly
Square du Bastion
R de Londres
Pl de Londres
Bd de Waterloo
Av de la Toison d'Or
Voir carte Matongé Ixelles et Saint-Gilles p. 75
R de Dublin
R d'Edimbourg
Chaussée de Wavre
R d'Idalie
R Godecharle
R de Stassart
R des Chevaliers
R E Solvay
R Longue Vie
R du Trône
R du Berger
Chaussée d'Ixelles
R de la Paix
des Drapiers
MATONGÉ
ETTERBEEK
0
500 m

magasins de style Art nouveau, construits en 1899 par Paul Saintenoy, sont dotés d'un café panoramique, sur le toit, et d'une terrasse.

MUSÉES ROYAUX DES BEAUX-ARTS

☎ 02 508 32 11 ; www.fine-arts-museum.be ; rue de la Régence 3 ; musée d'Art ancien adulte/tarif réduit 5/3,50 €, musée d'Art moderne 5/3,50 € ; 10h-17h mar-dim ; M Gare Centrale ou Parc ;

Ces musées royaux, les plus prestigieux du pays, sont consacrés à l'art ancien et à l'art moderne. Les pièces incontournables ne manquent pas, telles les collections de primitifs flamands, les Bruegel (en particulier Bruegel l'Ancien) et les Rubens du musée d'Art ancien et, au musée d'Art moderne, en sous-sol, les œuvres du surréaliste Paul Delvaux et du fauviste Rik Wouters. Le site accueillera également, à partir de début 2009, le tout nouveau musée René Magritte (voir également ci-dessous).

PALAIS DE JUSTICE

☎ 02 508 64 10 ; place Poelaert ; entrée libre ; 8h-17h lun-ven ; M Louise

Inratable (et pour cause, l'édifice est plus imposant que Saint-Pierre de Rome), cet immense palais de justice érigé en 1879 fut conçu par Joseph Poelaert qui s'inspira des temples de l'Égypte des pharaons. Devant, la plate-forme panoramique offre une vue imprenable sur Bruxelles.

PALAIS ROYAL

☎ 02 551 20 20 ; www.monarchy.be ; place des Palais ; entrée libre ; 10h30-16h30 mar-dim fin juil-début sept ; M Parc ;

La famille royale belge réside aujourd'hui à Laeken (voir p. 91),

L'HOMME AU CHAPEAU MELON

La Belgique rend enfin hommage à René Magritte (1898-1967) en lui consacrant un musée situé dans une annexe des **musées royaux des Beaux-Arts** (ci-dessus). Auteur de tableaux oniriques, comme cette locomotive surgissant d'une cheminée dans *La Durée poignardée* (1939), Magritte sera désormais chez lui place Royale : le musée devrait ouvrir ses portes en juin 2009. Si vous ne pouvez attendre, allez voir les toiles du peintre surréaliste dans la maison de la banlieue bruxelloise, à Jette, où il vécut et travailla 24 ans durant, et qui constitue le seul **musée Magritte** (☎ 02 428 26 26 ; www.magrittemuseum.be ; rue Esseghem 135 ; adulte/tarif réduit 7/5 € ; 10h-18h mer-dim ; M Simonis puis tram 19).

Des primitifs aux surréalistes, tous se rencontrent aux musées royaux des Beaux-Arts

mais ce palais du XIXe siècle reste sa résidence "officielle", dotée d'ornements aussi extravagants que ce plafond décoré des ailes de millions de scarabées, commande de la reine Paola à l'artiste belge contemporain Jan Fabre.

PLACE DU PETIT SABLON

entre rue de la Régence et rue aux Laines ; 92, 93 ou 94

Ce petit jardin enchanteur, entouré de 48 statuettes de bronze représentant les corporations médiévales, invite à une pause au calme entre visites et shopping sur la place du Grand Sablon toute proche.

SHOPPING

La rue des Minimes et les artères environnantes, dont les rues Charles Hanssens et Watteeu, sont bordées d'antiquaires d'exception. Autour de la place du Grand Sablon sont installées quelques-uns des chocolatiers les plus renommés de Bruxelles.

MARY'S *Chocolats*

02 217 45 00 ; www.marychoc.com ; rue Royale 73 ; 10h-18h lun-sam ; 92, 93 ou 94

Fondée en 1919 et fournisseur officiel de la famille royale depuis 1942, Mary's est la grande dame de la praline belge. Toutes ses

UNE VILLE D'INITIÉS

Les Bruxellois disent vivre dans une "ville d'initiés" : pour apprécier la capitale dans toute sa richesse, il faut entrer dans le cercle. Pour ce faire, participez à une visite guidée avec des Bruxellois, dînez ou passez une nuit chez l'habitant, grâce à **Like a Local** (www.likealocal.com en anglais, tarifs selon l'activité choisie), qui travaille aussi à Anvers, ou à **Tof People** (www.brusselstofpeople.eu en anglais, service gratuit), qui vous permet de rencontrer des habitants *tof* ("enthousiastes" en bruxellois), parfois originaires de toute l'Europe.

variétés (plus de 70) de chocolat entièrement naturel (dont de succulentes crèmes de café) sont fabriquées à la main.

PIERRE MARCOLINI *Chocolats*

02 512 43 14 ; www.marcolini.be ; rue des Minimes 1 ; 10h-19h dim-jeu, 10h-18h ven et sam ; 92, 93 ou 94

Le Bruxellois Marcolini est l'enfant prodige des chocolatiers belges – mention spéciale pour les pralines à la ganache fondante. Faites votre choix dans les vitrines puis rejoignez la salle du fond pour récupérer votre assortiment. Un salon de thé devrait ouvrir prochainement à l'étage.

MARCHÉ DES ANTIQUAIRES DU SABLON *Marché d'antiquités*

www.sablonantiquesmarket.com ; place du Grand Sablon ; 9h-18h sam, 9h-14h dim ; 92, 93 ou 94

Une bonne centaine d'antiquaires se réunit sur cette élégante place le week-end, proposant porcelaines, cristallerie, bijoux, mobilier, faïences bretonnes du XVIIIe siècle et autres objets d'antan. Les prix sont généralement à la hauteur de l'excellente qualité proposée.

WITTAMER *Chocolats*

02 546 11 10 ; www.wittamer.com ; place du Grand Sablon 6 ; lun-sam 10h-18h, dim 10h-18h30 ; 92, 93 ou 94

La famille Wittamer continue de fabriquer ses excellents chocolats, à acheter à cette adresse. Elle tient aussi une pâtisserie-salon de thé (voir page ci-contre).

SE RESTAURER

De nombreux musées du quartier royal et du Sablon se doublent d'excellents cafés-restaurants.

LE PERROQUET *Bistrot* €

02 512 99 22 ; rue Watteeu 31 ; tlj 10h-1h ; M Porte de Namur

Parfait pour un verre et un en-cas (salades, sandwichs, etc.), ce café Art nouveau est une halte pleine d'atmosphère, et à moindre coût, dans ce quartier plutôt chic.

LOLA *Brasserie* *€€€*

02 514 24 60 ; place du Grand Sablon 33 ; 12h-15h et 18h30-23h30 lun-ven, 12h-23h30 sam-dim ; 92, 93 ou 94

Une brasserie de style contemporain, où la carte décline un mixte des classiques français et italiens. Ce sont en fait les conversations animées de la clientèle plutôt jeune qui crée l'atmosphère et le buzz !

PRENDRE UN VERRE

LE BIER CIRCUS *Bar à bière*

02 218 00 34 ; rue de l'Enseignement 57 ; 12h-14h30 lun-ven, 18h-24h ; M Madou

Dans ce quartier résidentiel à l'écart, de fins amateurs de bières débattent des mérites comparés des centaines de breuvages proposées par le Bier Circus.

WITTAMER

Pâtisserie et salon de thé

02 512 37 42 ; www.wittamer.com ; place du Grand Sablon 12-13 ; 10h-18h mar-ven, 9h-18h sam et dim ; 92, 93 ou 94

Cette pâtisserie-salon de thé aux stores rose bonbon est une enseigne de la famille Wittamer, chocolatiers depuis 1910, et une vénérable tradition du Sablon. Les chocolats sont en vente dans la boutique toute proche (voir p. 62).

SORTIR

Des concerts fréquents se tiennent en la cathédrale Saints-Michel-et-Gudule (p. 57) et au musée des Instruments de musique (p. 57) ; renseignez-vous sur place ou à l'office du tourisme.

BOZAR

Salle de concert et centre culturel

02 507 82 15, réservations 02 507 82 00 ; www.bozar.be ; rue Ravenstein 23 ; M Gare Centrale

Conçue par Victor Horta en 1928, cette salle Art déco (ex-palais des Beaux-Arts) est le siège de l'Orchestre national de Belgique et de la Société philharmonique. Son acoustique est réputée dans le monde entier. Elle accueille aussi des expositions d'art.

MUSÉE DU CINÉMA *Cinéma*

02 507 83 70 ; www.cinematheque.be ; rue Baron Horta 9 ; M Gare Centrale

Installé dans une aile du centre culturel Bozar, ce musée devrait avoir rouvert lorsque vous lirez ces lignes. Ses collections font la part belle aux archives et objets liés au cinéma, mais son plus bel atout reste les films muets, diffusés avec un accompagnement musical (programmation en ligne).

> QUARTIER EUROPÉEN ET ETTERBEEK

Voilà une autre facette de Bruxelles. Dans les années 1960, lorsque la capitale belge devint le siège des institutions européennes, des quartiers résidentiels entiers furent rasés pour céder la place à des bâtiments administratifs tout de verre, de béton et d'acier. Les plus emblématiques sont le Berlaymont et ses quatre ailes – bâti en 1967, il fut rouvert récemment pour accueillir la Commission européenne –, ainsi que le Parlement, une construction peu avenante des années 1990 (la visite en plusieurs langues proposée à l'intérieur suscite pourtant l'intérêt).

Malgré sa vocation résolument fonctionnelle, le quartier conserve d'élégants jardins et places, tels le vaste parc du Cinquantenaire et le parc Léopold, doté de mares aux canards. Le quartier alentour accueille par ailleurs d'excellents musées, pour tous les goûts.

Avec son élargissement, l'Union européenne (UE) a besoin de nouveaux espaces mais, heureusement, les constructions sont aujourd'hui mieux pensées. Autre bon point : un réseau de pistes cyclables et d'allées piétonnes se met en place dans le quartier et attire à nouveau les habitants.

QUARTIER EUROPÉEN ET ETTERBEEK

VOIR
Autoworld 1 E2
Berlaymont (Commission européenne) 2 D2
Chambres en ville 3 A3
Parlement européen 4 C3
Centre d'accueil du Parlement européen 5 C3
Musée des Sciences naturelles 6 C3
Musée royal de l'Armée et d'Histoire militaire 7 E2
Muséesroyaux d'Art et d'Histoire 8 E3
Square Marie-Louise 9 C1

SHOPPING
Crush Wine 10 B3
Marché de la place Jourdan 11 D3

SE RESTAURER
L'Atelier européen 12 D1
Maison Antoine 13 D3

PRENDRE UN VERRE
Wild Geese 14 C1

SORTIR
Drive-in de l'arcade du Cinquantenaire 15 E2

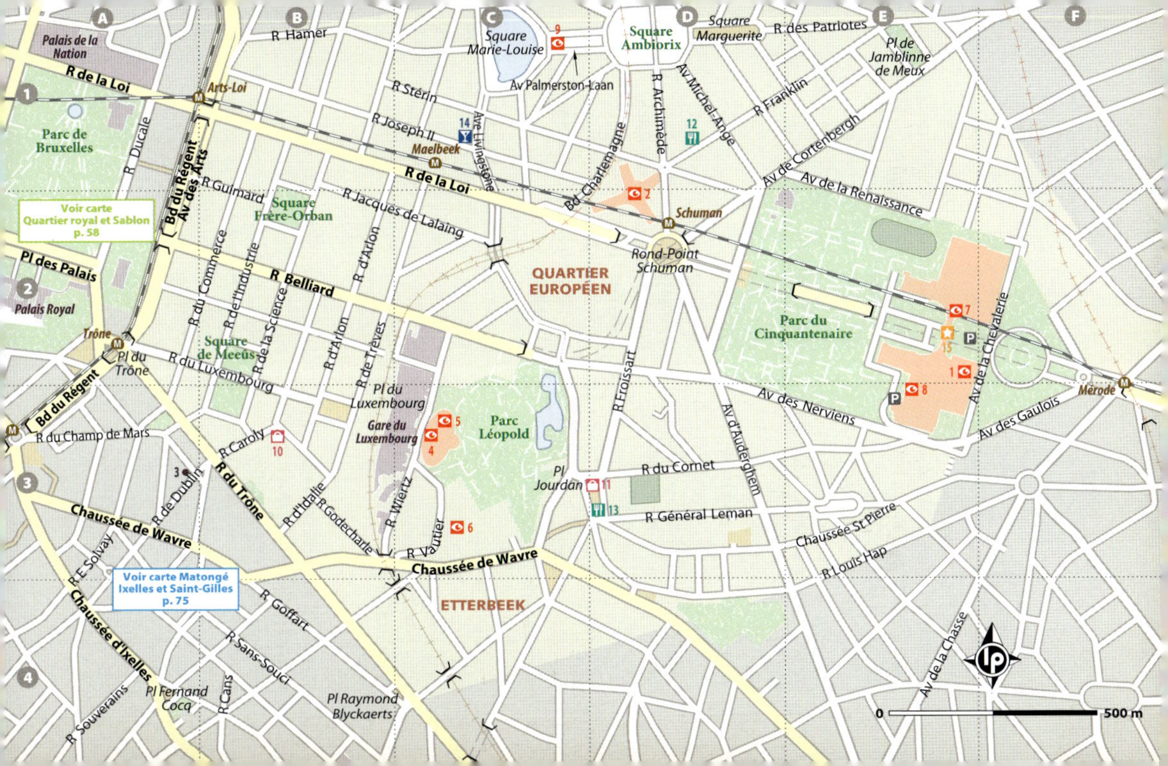

Palais de la Nation
R de la Loi
Arts-Loi
Parc de Bruxelles
R Ducale
Bd du Régent
Av des Arts
Voir carte Quartier royal et Sablon p. 58
Pl des Palais
Palais Royal
Trône
Pl du Trône
R Hamer
R Stérin
R Joseph II
Maelbeek
R Guimard
Square Frère-Orban
R du Commerce
R de l'Industrie
R de la Science
R Belliard
Square de Meeûs
R du Luxembourg
R d'Arlon
R de Trèves
R Jacques de Lalaing
Ave Livingstone
Square Marie-Louise
Av Palmerston-Laan
Square Ambiorix
Square Marguerite
R des Patriotes
Pl de Jamblinne de Meux
R Franklin
Av Michel-Ange
R Archimède
Bd Charlemagne
Av de Cortenbergh
Av de la Renaissance
Schuman
Rond-Point Schuman
QUARTIER EUROPÉEN
Parc du Cinquantenaire
Av de la Chevalerie
Mérode
Av des Nerviens
Av des Gaulois
R Froissart
Av d'Auderghem
Pl du Luxembourg
Gare du Luxembourg
Parc Léopold
Pl Jourdan
R du Cornet
R Général Leman
Chaussée St Pierre
R Louis Hap
R Wiertz
R Vautier
R d'Idalie
R Godecharle
R Caroly
R du Champ de Mars
R de Dublin
R du Trône
Chaussée de Wavre
R E Solvay
Voir carte Matongé Ixelles et Saint-Gilles p. 75
R Goffart
R Sans-Souci
R Cans
Pl Fernand Cocq
Chaussée d'Ixelles
R Souverains
Pl Raymond Blyckaerts
ETTERBEEK
Av de la Chasse
0
500 m
A
B
C
D
E
F
1
2
3
4
1
2
3
4
5
6
7
8
9
10
11
12
13
14
15

VOIR

AUTOWORLD

02 736 41 65 ; www.autoworld.be ; parc du Cinquantenaire 11 ; adulte/tarif réduit 6/4,70 € ; 10h-18h avr-sept, 10h-17h oct-mar ; M Mérode ;

La Belgique possédait avant la Seconde Guerre mondiale un secteur automobile prospère. En témoigne cette collection de quelque 400 véhicules (Ford modèle T, deux-chevaux Citroën, et bien d'autres modèles jusqu'aux années 1970), à voir dans une étonnante construction métallique datant de 1880.

BERLAYMONT (COMMISSION EUROPÉENNE)

rue de la Loi 200 ; M Schuman

Cet édifice en étoile de 1967, où siège la Commission, est fermé au public. Les panneaux d'information, à l'extérieur, présentent succinctement l'UE et son rôle à Bruxelles.

PARLEMENT EUROPÉEN

centre d'accueil 02 284 34 57 ; www.europarl.europa.eu ; rue Wiertz 43 ; visites gratuites ; visites 10h et 15h lun-jeu, 10h ven ; 38 (direction Homborch ; départ à côté de la gare Centrale) arrêt De Meeus sur la rue du Luxembourg ;

Dans cet édifice en verre bleu très daté (il n'a pourtant que dix ans), les passionnés de politique pourront assister, dans le gigantesque hémicycle, à une session parlementaire ou faire la visite des lieux lorsque le Parlement ne siège pas. La visite (avec casque audio multilingue) débute au centre d'accueil, dans la section Paul-Henri Spaak du Parlement.

MUSÉE DES SCIENCES NATURELLES

02 627 42 38 ; www.naturalsciences.be ; rue Vautier 29 ; adulte/tarif réduit/moins de 17 ans 7/6/4,50 € ; 9h30-16h45 mar-ven, 10h-18h sam et dim ; M Trône ou Maelbeek ;

D'imposants squelettes d'iguanodons (10 m de haut), vieux de quelque 135 millions d'années et découverts dans une mine de charbon belge en 1878, sont à admirer dans ce musée récemment rénové.

MUSÉES ROYAUX D'ART ET D'HISTOIRE

02 741 72 11 ; www.kmkg-mrah.be ; parc du Cinquantenaire 10 ; adulte/tarif réduit 5/4 € ; 9h30-17h mar-dim ; M Mérode ;

Antiquités et objets de civilisations non européennes composent les trésors de ces musées royaux, qui

Kalina Lewanska
Communication, Commission européenne

Origines ? Polonaise, je suis arrivée à Bruxelles en 2003 comme traductrice pour la Commission. J'étais alors une "curiosité" mais depuis l'élargissement, j'ai davantage de collègues polonais. **Emploi exercé ?** La publication de travaux scientifiques sur la santé et la protection du consommateur. Mon travail concerne toute l'UE, et pour nos réunions il nous faut une langue commune, souvent l'anglais, le français ou l'italien. En dehors de mon travail, je suis une "tof" (p. 62). **Le meilleur de Bruxelles ?** Le multiculturalisme ! Le quartier africain (Matongé, p. 74) est aux antipodes de la froideur administrative du quartier européen. **Le pire ?** Le climat : on vit à l'intérieur, pas dans la rue. **La Belgique va-t-elle se diviser ?** Ce serait triste. Prenons exemple sur la Suisse, qui a plusieurs langues et reste un pays uni.

proposent aussi une découverte approfondie des arts décoratifs européens. Il existe des sections pour les déficients visuels.

MUSÉE ROYAL DE L'ARMÉE ET D'HISTOIRE MILITAIRE

02 737 78 11 ; www.klm-mra.be ; parc du Cinquantenaire 3 ; 9h-12h et 13h-16h45 mar-dim ; M Mérode ;
Incontournable pour les passionnés, ce musée présente d'impressionnantes collections d'armes, d'uniformes, de véhicules, de vaisseaux de guerre et de documents, du Moyen Âge au milieu du XXe siècle. Vue panoramique sur l'Arcade du Cinquantenaire, bâtie en 1880 dans le parc, depuis le dernier étage.

SQUARE MARIE-LOUISE

sur l'av. Palmerston-Laan ; M Maelbeek
Vous pourrez nourrir les canards évoluant dans cette jolie mare bordée d'arbres, de verdure et de quelques exemples d'architecture Art nouveau.

SHOPPING

CRUSH WINE *Vins*

02 502 66 97 ; www.crushwine.eu ; rue Caroly 39 ; 11h-19h lun-ven plus un sam par mois ; M Trône

Bronzette et détente au parc du Cinquantenaire (p. 64)

Bruxelles est trop orgueilleuse pour avoir des bars à bières australiennes, mais suffisamment cosmopolite pour accueillir ces magnifiques caves recelant plus de 190 vins d'Australie, soit la plus vaste sélection d'Europe, notamment des crus rares venus de Tasmanie et des dizaines de rouges de la ville de Margaret River. Dégustations avec tapas tous les jours et événements réguliers ; appelez pour connaître les heures d'ouverture le samedi.

MARCHÉ DE LA PLACE JOURDAN *Marché*

place Jourdan ; 7h-14h dim
M Schuman

Petit marché d'alimentation et de vêtements le dimanche matin.

SE RESTAURER

Le quartier compte peu de restaurants, et encore moins le week-end lorsque la plupart des tables sont fermées. La place du Luxembourg, la rue Archimède et la rue Franklin regroupent les meilleures adresses.

L'ATELIER EUROPÉEN

Belge €€

02 734 91 40 ; rue Franklin 28 ;
12h-14h30 et 19h-22h lun-ven ;
M Schuman

Derrière une cour entourée de haies, cet ancien entrepôt de vins affiche une petite carte de viande et de poisson, ainsi que deux ou trois plats végétariens. Le vin est à l'honneur, avec une sélection soignée et des crus du mois.

UNE HISTOIRE BELGE

N'en déplaise aux Anglo-Saxons, les "French fries" sont belges. Cette confusion date de la Première Guerre mondiale : en Flandre occidentale, les soldats anglais entendaient leurs homologues belges, amateurs de frites, parler français (les ordres étaient donnés dans cette langue, même aux néerlandophones, ce qui eut parfois des conséquences tragiques).

Les frites sont préparées à partir de pommes de terre bintje de Belgique ou des Pays-Bas. Coupées à la main, épaisses de 1 cm (plus fines, elles absorbent trop d'huile et brûlent), elles sont cuites une première fois, puis une seconde à plus haute température, pour être à la fois croustillantes et moelleuses. On les accompagne de sauces, dont la classique mayonnaise.

MAISON ANTOINE

Frites €

place Jourdan ; 11h30-1h dim-jeu, 11h30-2h ven et sam ; M Schuman

Les Bruxellois se divisent en deux catégories : non pas entre néerlandophones et francophones, ni entre Belges et expatriés, mais entre fidèles de la Maison Antoine et ardents défenseurs de la baraque de la

IDÉE BALADE – SAINT-JOSSE ET SCHAERBEEK

Les quartiers résidentiels de Saint-Josse et Schaerbeek, au nord-est du centre-ville, sont peu connus des touristes, bien que la gare du Nord, toujours très active, en fasse l'un des grands accès à Bruxelles. Ils abritent des communautés turques et marocaines, comme en témoignent les épiceries, restaurants et bouchers halal, notamment sur la chaussée de Haecht.

Trois espaces culturels branchés s'y sont installés et occupent des cadres historiques. **Le Botanique** (☎ 02 218 79 35 ; www.botanique.be ; rue Royale 236 ; Ⓜ Botanique), à la lisière de Saint-Josse, accueille théâtre en français, expositions et concerts dans une ancienne serre des jardins botaniques à l'impressionnante architecture néoclassique datant de 1826. Immédiatement au nord, les **Halles de Schaerbeek** (☎ 02 218 21 07 ; www.halles.be ; rue Royale Sainte-Marie 22 ; 92 ou 93) font revivre un marché couvert tout de verre et d'acier datant de 1901. Au programme : art du cirque, théâtre, danse et opéra, mais aussi concerts contemporains et installations multimédias. À l'est de la place Madou, dans le sud-est de Saint-Josse, le **Jazz Station** (☎ 02 733 13 78 ; www.jazzstation.be ; chaussée de Louvain 193a-195 ; 11h-19h mer, sam et lors d'événements ; Ⓜ Madou) est un temple dédié... au jazz, évidemment, avec concerts et expositions dans une gare du XIXe siècle désaffectée ; l'ancienne billetterie abrite désormais un bar.

Pour l'apéro ou un plat de brasserie (comme les crevettes au vin blanc) dans un cadre Art nouveau, direction **De Ultieme Hallucinatie** (☎ 02 217 06 14 ; www.ultiemehallucinatie.be ; rue Royale 31 ; 11h-1h lun-ven, 17h30-1h sam ; Ⓜ Botanique). Bâti en 1850 dans le style néoclassique, ce bar-restaurant fut transformé en 1904 en ce bijou tout de ferronneries. Autre joyau d'Art nouveau, la **maison Autrique** (☎ 02 215 66 00 ; www.autrique.be ; chaussée de Haecht 266 ; adulte/senior/tarif réduit 6/4,50/3 € ; 12h-18h mer-dim ; 92 ou 93) fut la première création de Victor Horta, en 1893.

Les clubbeurs avertis connaissent le quartier pour **Dirty Dancing@Mirano** (☎ 02 227 39 48 ; www.dirtydancing.be ; chaussée de Louvain 38 ; avant/après minuit 5/10 € ; 22h30-6h sam ; Ⓜ Madou), où des DJ comme Cosy Mozzy mixent dans une ambiance électrique. Attention : les habitants recommandent le taxi et déconseillent de déambuler tard la nuit dans ces rues mal éclairées.

Le secteur est bien desservi par les transports publics, mais la balade à pied depuis le quartier européen est agréable en journée si vous avez le temps. Du parc du Cinquantenaire, dépassez la Commission européenne et remontez vers le nord la rue Archimède en direction du square Ambriorix et du square Marie-Louise (p. 68), peuplé de canards. De là, la rue des Éburons et son prolongement, la rue Willems, vous conduisent à Saint-Josse. En continuant vers le nord-ouest, vous atteindrez le Jardin botanique. Avec des haltes photo ou pour nourrir un ou deux canards, cette marche de 3 km demande une heure environ.

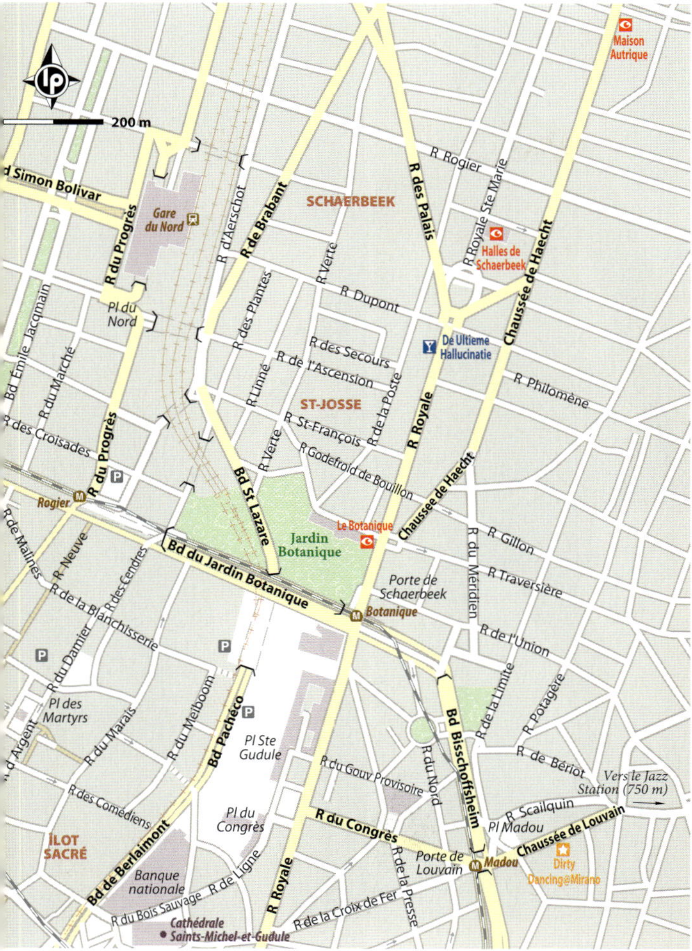
200 m
Maison Autrique
Bd Simon Bolivar
Gare du Nord
R du Progrès
R d'Aerschot
R de Brabant
SCHAERBEEK
R des Palais
R Rogier
R Royale Ste Marie
Halles de Schaerbeek
Chaussée de Haecht
R Verte
R Dupont
R des Plantes
Pl du Nord
Bd Émile Jacqmain
R du Marché
R des Secours
R de l'Ascension
De Ultieme Hallucinatie
R Philomène
R Linné
ST-JOSSE
R de la Poste
R Royale
R St-François
R des Croisades
R Godefroid de Bouillon
Bd St Lazare
Rogier
R de Malines
R Neuve
Le Botanique
Jardin Botanique
R Gillon
R du Méridien
R Traversière
Bd du Jardin Botanique
Porte de Schaerbeek
Botanique
R des Cendres
R de la Blanchisserie
R du Damier
R de l'Union
R de la Limite
R Potagère
Pl des Martyrs
R d'Argent
R du Marais
R du Meiboom
Bd Pachéco
Pl Ste Gudule
Bd Bisschoffsheim
R du Nord
R de Bériot
R du Gouv Provisoire
Vers le Jazz Station (750 m)
R des Comédiens
Pl du Congrès
R du Congrès
R Scailquin
Pl Madou
Chaussée de Louvain
ÎLOT SACRÉ
Bd de Berlaimont
Porte de Louvain
Madou
Dirty Dancing@Mirano
R de la Presse
Banque nationale
R de Ligne
R du Bois Sauvage
R de la Croix de Fer
Cathédrale Saints-Michel-et-Gudule

Le Berlaymont (p. 66), l'immeuble où siège la Commission européenne place Flagey (p. 81). Les frites d'Antoine, plongées deux fois dans la graisse de bœuf, ont notamment les faveurs de hauts fonctionnaires et de célébrités.

PRENDRE UN VERRE

Le quartier européen et Etterbeek sont déserts le week-end ; vous trouverez quelques signes de vie sur la place Jourdan.

WILD GEESE *Pub*

02 230 19 90 ; www.wildgeese.be ; av. Livingstone 2 ;
10h-tard ; M Maelbeek

En semaine, les eurocrates fête la Saint-Patrick tous les jours dans le plus grand pub irlandais de Bruxelles. Concerts, sets de DJ et sports sur grand écran sont proposés régulièrement. Cuisine de pub typique (pommes de terre au four et steaks épais et savoureux), mais aussi petit-déjeuner irlandais (plutôt un brunch, avec du *soda bread* maison !) à partir de 12h le week-end.

SORTIR

Demandez à l'office du tourisme la programmation du cinéma d'été en drive-in (des casques sont disponibles aussi pour ceux qui n'ont pas de voiture) proposé sous l'arcade du Cinquantenaire dans le parc du même nom. Non loin, Saint-Josse et Schaerbeek (p. 70) abritent des centres culturels branchés.

> MATONGÉ, IXELLES ET SAINT-GILLES

Au sud du centre historique, ce trio gagnant présente une belle palette de lieux attirants, de saveurs épicées, de musique et de patrimoine plus classique.

Inutile de chercher Matongé sur une carte de la Belgique. Le quartier africain de Bruxelles a emprunté son surnom à un district de Kinshasa, la capitale congolaise. Les tissus aux couleurs chatoyantes et les légumes et épices vendus ici vous transportent vers d'autres latitudes. À côté de Matongé, brasseries et restaurants branchés jalonnent la rue Saint-Boniface.

D'élégants édifices Art nouveau se dressent sur les boulevards d'Ixelles et de Saint-Gilles – parmi lesquels la maison de Victor Horta, où est installé aujourd'hui un musée dédié à cet architecte.

Bordée de boutiques de créateurs, la prestigieuse avenue Louise traverse Ixelles en diagonale, rejoignant l'université de Bruxelles et l'école de mode ainsi que le bois de la Cambre, qui jouxte la vaste forêt de Soignes. Les hauteurs de Saint-Gilles ont un charme plus bohême – la partie basse du quartier, autour de la gare du Midi, plus défavorisée, est en revanche moins accueillante.

MATONGÉ, IXELLES ET SAINT-GILLES

VOIR

Cityscape 1 C1
Hôtel Hannon et Espace photographique Contretype 2 C4
Musée Horta 3 C4

SHOPPING

Beermania 4 E1
Galerie d'Ixelles 5 D1
Galerie de la Porte de Namur 6 D1
Galeries Louise 7 C2
Marché du Châtelain 8 D4
Nicola's Bookshop 9 D2
Olivier Strelli 10 C2

SE RESTAURER

Cospaia 11 C2
Frites Flagey 12 E3
Il Vecchio Mulino 13 C2
L'Ultime Atome 14 D1
Mamma Roma 15 E3
Rouge Tomate 16 D3

PRENDRE UN VERRE

Café Belga .... (voir 18)
Chez Moeder Lambic 17 B4

SORTIR

Flagey (salle de concert) 18 E3
Le Variétés .... (voir 18)
Louise Gallery .... (voir 7)
Sounds Jazz Club 19 D2
Studio 5 .... (voir 18)

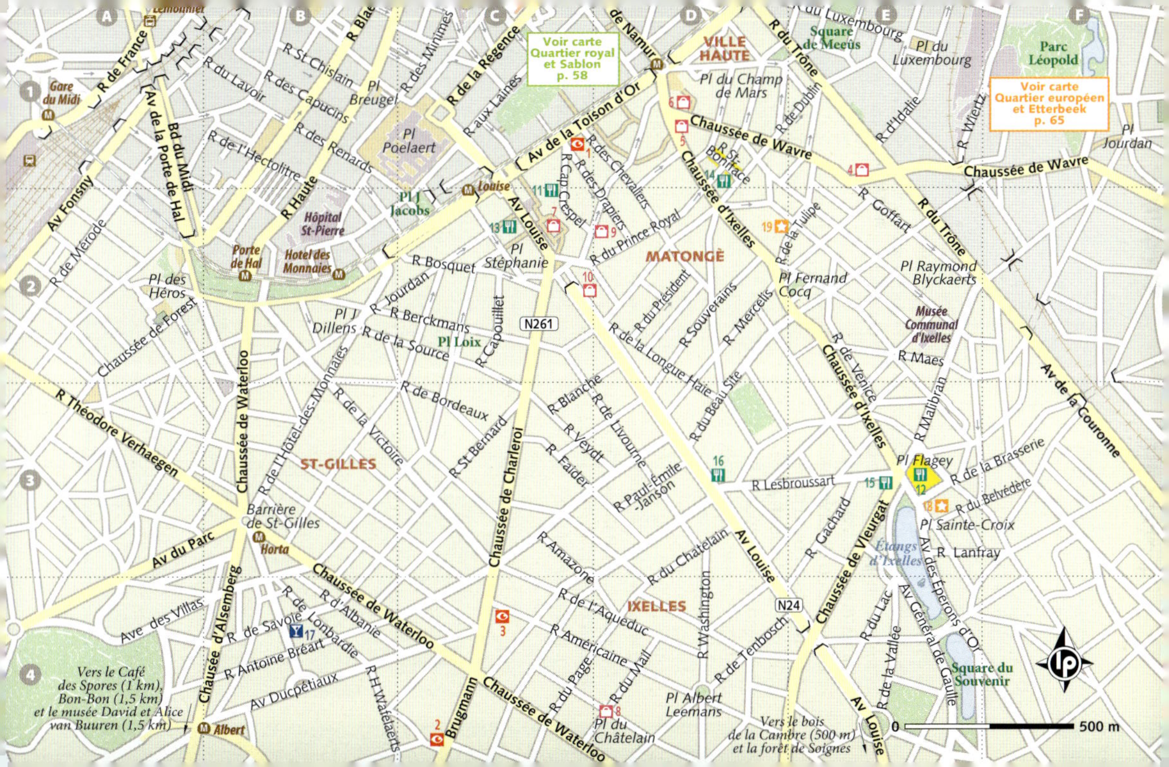
Voir carte Quartier royal et Sablon p. 58
Voir carte Quartier européen et Etterbeek p. 65
VILLE HAUTE
MATONGÈ
ST-GILLES
IXELLES
Gare du Midi
Porte de Hal
Hotel des Monnaies
Hôpital St-Pierre
Louise
Horta
Albert
Pl Poelaert
Pl J Jacobs
Pl Stéphanie
Pl Loix
Pl J Dillens
Pl des Héros
Barrière de St-Gilles
Pl du Champ de Mars
Square de Meeûs
Pl du Luxembourg
Parc Léopold
Pl Jourdan
Pl Raymond Blyckaerts
Pl Fernand Cocq
Musée Communal d'Ixelles
Pl Flagey
Pl Sainte-Croix
Étangs d'Ixelles
Square du Souvenir
Pl Albert Leemans
Pl du Châtelain
R de France
Av Fonsny
Bd du Midi
Av de la Porte de Hal
R du Lavoir
R St-Ghislain
R des Capucins
R de l'Hectolitre
R des Renards
R Haute
R Blaes
Pl Breugel
R des Minimes
R de la Régence
R aux Laines
Av de la Toison d'Or
de Namur
Av Louise
R Cap Crespel
R des Drapiers
R des Chevaliers
R du Prince Royal
Chaussée de Wavre
Chaussée d'Ixelles
R St-Boniface
R de Dublin
R du Trône
R du Luxembourg
R d'Idalie
R Wiertz
R Goffart
R de la Tulipe
R Bosquet
R Jourdan
R Berckmans
R de la Source
R Capouillet
N261
R du Président
R Souverains
R Mercelis
R de la Longue Haie
R du Beau Site
R de Venice
R Maes
R Malibran
Av de la Couronne
R de Mérode
Chaussée de Forest
R Théodore Verhaegen
Chaussée de Waterloo
R de l'Hôtel-des-Monnaies
R de la Victoire
R de Bordeaux
R St-Bernard
Chaussée de Charleroi
R Blanche
R de Livourne
R Veydt
R Faider
R Paul-Émile-Janson
R Lesbroussart
R de la Brasserie
R du Belvédère
R Lanfray
Av du Parc
R Amazone
R du Châtelain
R Gachard
Chaussée de Vleurgat
Av des Éperons d'Or
Av Général de Gaulle
R du Lac
R de la Vallée
Chaussée d'Alsemberg
Ave des Villas
R de Savoie
R d'Albanie
R de Lonbardie
R Antoine Bréart
Av Ducpétiaux
R H Wafelaerts
Brugmann
R de l'Aqueduc
R Américaine
R du Page
R du Mall
R Washington
R de Tenbosch
N24
Vers le Café des Spores (1 km), Bon-Bon (1,5 km) et le musée David et Alice van Buuren (1,5 km)
Vers le bois de la Cambre (500 m) et la forêt de Soignes
0
500 m
Lemonnier
A
B
C
D
E
F
1
2
3
4

VOIR

BOIS DE LA CAMBRE ET FORÊT DE SOIGNES

93 ou 94

Une étendue boisée vous attend au sud-est de Bruxelles : le bois de la Cambre, qui s'ouvre à l'extrémité sud de l'avenue Louise. Ses pelouses au bord du lac et ses cafés font la joie des familles le week-end. Le bois jouxte la forêt de Soignes, un vaste domaine où vivent sangliers et cerfs.

CITYSCAPE

av. de la Toison d'Or ; M Louise

Cette sculpture en bâtons de bois de 40 m de long, 25 m de large, 18 m de haut et plus de 70 tonnes est l'œuvre du Bruxellois Arne Quinze. Elle vous attend jusqu'en septembre 2009. L'esplanade adjacente accueille des événements pendant le festival de tango de Bruxelles (http://blog.brusselstangofestival.be), en avril.

HÔTEL HANNON ET ESPACE CONTRETYPE

02 538 42 20 ; www.contretype.org ; av. de la Jonction 1 ; 2,50 € ; 11h-18h mer-ven, 13h-18h sam-dim ; 91 ou 92

Amoureux de la photographie, inutile de vous convaincre de venir ici : vous apprécierez les expos de l'Espace Contretype ! Pour les autres, l'endroit vaut aussi

Ceci n'est pas une forêt d'allumettes... mais le Cityscape.

CAP SUR L'AFRIQUE CENTRALE

Insectes et mammifères naturalisés (dont un éléphant), masques, instruments de musique, bijoux et même une pirogue de 22 m du peuple Lengola, voilà quelques-unes des pièces de l'extraordinaire **Musée royal de l'Afrique centrale (Koninklijk Museum voor Midden-Afrika** ; ☎ 02 769 52 00 ; www.africamuseum.be ; Leuvensesteenweg 13, Tervuren ; 44 ; adulte/tarif réduit 4/3€ ; 10h-17h mar-ven, 10h-18h sam et dim ; ♿). Il se targue (on peut le lui reprocher) de posséder la plus grande collection au monde d'objets et d'art africains hors d'Afrique ! La plupart des œuvres ont d'ailleurs été pillées pendant la colonisation du Congo par Léopold II au XIXe siècle, une question dérangeante qui est enfin abordée par le musée dans ses expositions.

Sur place, un café sert des bières et des plats africains, à emporter éventuellement jusqu'au Park van Tervuren voisin. Ce musée est l'occasion d'une plaisante escapade d'une demi-journée, à commencer par le voyage lui-même, sur des rails bordés d'arbres, à bord du vieux tram 44, du métro Montgoméry jusqu'à la ville flamande de Tervuren (14 km à l'est de Bruxelles). En chemin, vous verrez d'imposantes villas (autant d'ambassades), les étangs du parc de Woluwé et le nord de la forêt de Soignes (ci-contre). Au terminus du tram, à Tervuren, il reste 300 m à parcourir pour rejoindre le musée.

le détour, car il occupe l'hôtel Hannon, un édifice Art nouveau orné de frises et de vitraux, conçu en 1902 par Jules Brunfaut.

MUSÉE DAVID ET ALICE VAN BUUREN

☎ 02 343 48 51 ; www.museumvanbuuren.com ; av. L. Errera 41 ; adulte/tarif réduit 10/5 € ; 14h-17h30 mer-lun ; 23 ou 90

Dans le sud d'Ixelles, dans le quartier résidentiel aisé d'Uccle, ce trésor Art déco fut construit en 1928 par le banquier et collectionneur d'art néerlandais David van Buuren. Déambulez dans cette demeure où dominent les matériaux exotiques, rares et précieux (de l'ivoire notamment) pour en admirer les collections, dont une version de *La Chute d'Icare* de Bruegel l'Ancien et *L'Éplucheuse de pommes de terre* de Vincent Van Gogh.

MUSÉE HORTA

☎ 02 543 04 90 ; www.hortamuseum.be ; rue Américaine 25 ; 7 € ; ` 14h-17h30 mar-dim ; 91 ou 92

La maison de Victor Horta, chef de file de l'architecture Art nouveau en Belgique, est un joyau qu'il a conçu et construit entre 1898 et 1901, et habité jusqu'en 1919. Baignées de couleurs chaudes, les salles du rez-de-chaussée

DES TRAMS RELOOKÉS

Les trams de Bruxelles font l'objet d'un relookage stylé, avec sièges en cuir et grandes fenêtres qui en font un excellent moyen pour visiter la ville comme pour se déplacer. Cette initiative de la Ville de Bruxelles s'intègre dans sa volonté de réduire la circulation automobile et de rendre la capitale plus "verte". La totalité des trams sera remplacée ; pour l'heure, de nouvelles rames circulent notamment sur les lignes 23 (Heysel-Gare du Midi), 24 (Schaerbeek-Vanderkindere) et 25 (Rogier-Boondael).

sont carrelées du sol au plafond ; dans les étages, les pièces plus intimistes regorgent d'idées personnelles de Horta (comme l'urinoir aménagé derrière une armoire dans la chambre). Une vue d'ensemble de son œuvre est présentée ici, avec notamment la maquette de sa Maison du Peuple, aujourd'hui détruite (voir p. 159).

SHOPPING

Partez du centre commercial que sont les galeries Louise, près du métro homonyme, et flânez sous les arbres de l'avenue Louise, bordée d'enseignes de luxe. Matongé est un tout autre monde. Sur la chaussée de Wavre, les épiceries vendent des produits exotiques – à vous, poissons-chats et chenilles séchées !

BEERMANIA *Bière*

☎ 02 512 17 88 ; www.beermania.be ; chaussée de Wavre 174 ; 11h-21h lun-sam jan-nov, tlj déc ; M Porte de Namur ou Trône

Le personnel de la première boutique de bières spéciales de Belgique, avec bar à dégustation, fait partager ses connaissances encyclopédiques sur les centaines de "crus" locaux vendus ici.

GALERIES D'IXELLES ET DE LA PORTE DE NAMUR

Galeries marchandes

chaussée d'Ixelles ; M Porte de Namur

Tissus africains, CD congolais et coiffeurs spécialisés dans les nattes et les extensions abondent dans ces galeries de Matongé, reliées l'une à l'autre.

MARCHÉ DU CHÂTELAIN

Marché

place du Châtelain ; 13h-18h mer ; 92 ou 94

Ce marché gastronomique séduit les Bruxellois branchés. Après vos achats, installez-vous dans un des bars autour de la place.

OLIVIER STRELLI *Mode*

☎ 02 512 56 07 ; www.strelli.be ; av. Louise 72 ; 10h-18h30 lun-sam ; M Louise

Né au Congo, Strelli fait figure de Giorgio Armani belge : un créateur de réputation mondiale proposant une mode masculine et féminine, adaptée au bureau comme à un cocktail. Baignée de lumière, cette adresse est sa boutique mère.

SE RESTAURER

BON-BON

Gastronomique €€€

☎ 02 346 6615 ; www.bon-bon.be ; rue des Carmélites 93 ; 12h-14h et 19h-22h mar-ven, 19h-22h30 sam ; 91 ou 92

Christophe Hardiquest, chef réputé, étoilé au Michelin, mitonne une cuisine où dominent les produits simples, achetés au marché. Le quartier résidentiel d'Uccle est excentré, mais les gastronomes n'hésitent pas à se déplacer.

CAFÉ DES SPORES

Belge €€

☎ 02 534 13 03 ; www.cafedesspores.be ; chaussée d'Alsemberg 103 ; 12h-14h et 19h-24h mar-ven, 19h-24h lun et sam ; 55 ou 90

Il faut ici encore rejoindre Uccle, mais l'adresse mérite le déplacement si vous aimez chanterelles, bolets et autres champignons : ils entrent dans la composition de tous les plats (remarquez le tiramisu aux cèpes). Si l'idée semble farfelue, le résultat est excellent. La carte change chaque jour au gré du marché, la sélection des vins est solide.

COSPAIA

Gastronomique €€€

☎ 02 513 03 03 ; www.cospaia.com ; rue Capitaine Crespel 1 ; 12h-14h30 et 19h-22h30 lun-jeu, 12h-14h30 et 19h-24h ven, 19h-24h sam, 19h-22h30 dim ; M Louise

La déco somptueuse du Cospaia, alternant noir brillant et blanc immaculé, est l'œuvre de Marcel Wolterinck, décorateur également de l'appartement londonien du chanteur Robbie Williams. La carte (50% viande, 50% poisson) est pointue, stylée et très bruxelloise, jusqu'aux desserts créés par le chocolatier Pierre Marcolini (p. 62).

IL VECCHIO MULINO

Italien €€

☎ 02 534 44 19 ; www.mulino.be ; rue Jourdan 10 ; 12h-15h et 6-23h30 ; M Louise

Le dimanche midi, ce restaurant confortable semble devenir la grande salle à manger du quartier. Les autres jours, l'adresse est chaudement recommandée pour ses plats authentiquement italiens, à compléter par un dessert telles les *torte* au chocolat (on choisit parmi les plateaux apportés à table). Enfants bienvenus.

LE VARIÉTÉS

International €€€

02 647 04 36 ; www.levarietes.be ; place Sainte Croix 4 ; 12h-14h30 et 18h30-24h lun-sam, 12h-23h dim ; 81

Réservez tôt votre repas dans cette merveille Art déco, dans le "paquebot" Flagey : vous y admirerez les cuisiniers préparer porc, poulet, bœuf ou bar à la broche. Choix végétariens possibles : wok de légumes à la menthe et salade au chèvre.

MAMMA ROMA

Pizza €

02 640 42 80 ; chaussée de Vleurgat 5 ; 12h-24h ; 81

Imbattable avec ses pizzas *al taglio* (à la coupe) agrémentées de pancetta, potiron, noix ou roquette, à emporter ou à déguster sur place. Pas de réservation (commandez au bar). Après 22h30, le choix est maigre.

UNE TABLE RUE SAINT-BONIFACE

Les restaurants de la rue Saint-Boniface caractérisent la "nouvelle Bruxelles", avec clients polyglottes et cuisine cosmopolite, de la Flandre à la Thaïlande. **L'Ultime Atome** (02 513 13 67 ; rue Saint-Boniface 14 ; 12h-24h ; M Porte de Namur) constitue une excellente entrée en matière.

ROUGE TOMATE

Méditerranéen €€€

02 647 70 44 ; av. Louise 190 ; 12h-14h30 et 19h-22h30 lun-ven, 19h-22h30 sam ; 93 ou 94

Avec plusieurs merveilleux espaces, dont une salle blanche et aérée et une terrasse en jardin, cette adresse prisée sert une bonne cuisine méditerranéenne (tagine marocain de légumes au tamarin et pruneaux, taureau de Camargue, pigeon en croûte de romarin) avec par exemple au dessert, du sorbet à la clémentine.

PRENDRE UN VERRE

CAFÉ BELGA *Brasserie, bar*

02 640 35 08 ; place Flagey 18 ; 8h-2h dim-jeu, 8h-3h ven et sam, cuisines 9h-16h ; 81

Des DJ mettent l'ambiance le vendredi soir dans le bar Art déco du Flagey. Programmation musicale variée les autres jours – du jazz certains dimanches. Les fenêtres panoramiques, la salle immense et la terrasse sont des sites de choix pour goûter un Belga (vodka, Canada Dry, sirop de violette) et observer les Bruxellois.

CHEZ MOEDER LAMBIC

Bar à bière

02 539 14 19 ; rue de Savoie 68 ; 16h-4h ; prémétro Horta

BALADE PLACE FLAGEY

Emblème de la "hype" telle qu'on la conçoit à Bruxelles, la **place Flagey** (81) est une place ressuscitée près des étangs d'Ixelles. Son cœur bat au rythme du "paquebot" Flagey, édifice bâti en 1938 comme maison de la Radio belge et aujourd'hui restauré. Il abrite désormais une **salle de concert** (ci-dessous), un **cinéma** (ci-dessous), un **restaurant** cosmopolite (ci-contre) et un fabuleux **bar-brasserie** (ci-contre). Sur la place, la baraque à frites prépare ce que certains considèrent comme les meilleures frites de Bruxelles. Pour de succulentes pizzas, direction **Mamma Roma** (ci-contre). La balade au sud des étangs vous conduira au **bois de la Cambre** (p. 76).

Attention, institution ! Derrière ses fenêtres obscurcies par les autocollants de bière, ce bar à l'ancienne est incontournable pour déguster une bière dans la capitale. Faites votre choix parmi les centaines de variétés proposées tout en lisant une BD.

SORTIR

FLAGEY *Salle de concert*

02 641 10 20 ; www.flagey.be, en français ; place Sainte-Croix ; 81

Des concerts de tout poil, avec priorité au contemporain. Un programme parfait pour l'ancienne résidence de l'Orchestre national de la radio.

LOUISE GALLERY *Club*

0478 79 79 79 ; www.louisegallery.com ; galeries commerçantes Louise, av. Louise ; 11 € ; 23h-7h ven-dim ; M Louise

En sous-sol dans les galeries Louise, ce club à stroboscopes est doté d'une sono sensationnelle sur laquelle une foule hétéroclite danse jusqu'à l'épuisement.

SOUNDS JAZZ CLUB *Jazz*

02 512 92 50 ; rue de la Tulipe 28 ; tarif d'entrée variable ; 20h-4h lun-sam ; 54

Des artistes locaux ou de passage, dans la veine essentiellement expérimentale/contemporaine. Concerts parfois impromptus et ambiance agréable.

STUDIO 5 *Cinéma*

02 641 10 20 ; place Sainte-Croix ; 81

Dans l'immeuble Flagey, ce nouveau cinéma stylé propose des cycles thématiques ou dédiés à un réalisateur.

> LES MAROLLES

De la place Poelaert, un ascenseur en verre descend la colline et vous fait entrer dans un monde qui vous semblera bien différent.

Ce quartier ouvrier traditionnel de Bruxelles est réputé pour ses bars et ses marchés populaires au parler gouailleur. Si ces vestiges du passé existent toujours, les Marolles, nichés entre la gare du Midi, Ixelles et le Sablon, sont surtout très convoités par l'immobilier ces temps-ci. Ils l'étaient déjà au XIXe siècle, lorsque l'architecte Joseph Poelaert fit intervenir la police pour expulser des habitants du quartier et construire le palais de justice – le mot *architekt* est d'ailleurs resté une insulte en marollien.

Les Marolles abritent désormais des restaurants gastronomiques et des établissements de nuit. Pour en apprécier toute l'histoire, mieux vaut rejoindre la place du Jeu de Balle tôt le matin pour assister à l'installation du marché par les commerçants, avant de s'installer dans un bar du coin pour un repas roboratif, une bière forte, le tout accompagné d'une conversation animée.

LES MAROLLES

VOIR

Maison de Bruegel 1 D4
Église Notre-Dame de la Chapelle 2 D3
Musée bruxellois de la Gueuze (brasserie Cantillon) ... 3 A3

SHOPPING

Marché de la gare du Midi 4 B4
Halles des Tanneurs 5 C3
Puces de la place du Jeu de Balle 6 C4
Pêle-Mêle 7 C2

SE RESTAURER

Chéri Chéri 8 D3
Comme Chez Soi 9 C3
L'Idiot du Village 10 D3
Les Petits Oignons 11 D3

PRENDRE UN VERRE

Chez Marcel 12 C4
La Fleur en papier doré 13 D3

SORTIR

Bazaar 14 C4
Fuse 15 C5
Recyclart 16 C3

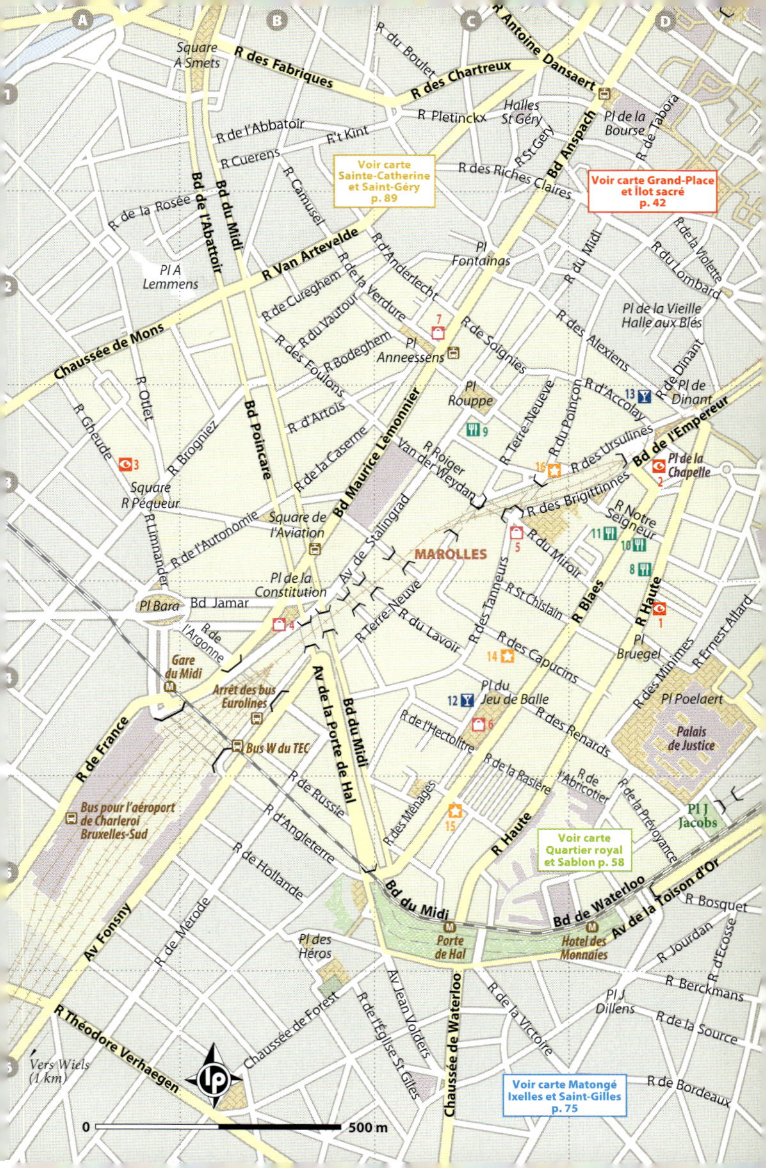
Square A Smets
R des Fabriques
R du Boulet
R des Chartreux
R Antoine Dansaert
R Pletinckx
Halles St Géry
Pl de la Bourse
R de Tabora
R de l'Abbatoir
R t Kint
R Cuerens
Voir carte Sainte-Catherine et Saint-Géry p. 89
R St Géry
Bd Anspach
R des Riches Claires
Voir carte Grand-Place et Îlot sacré p. 42
R Camusel
Bd de l'Abattoir
Bd du Midi
R de la Rosée
R Van Artevelde
R d'Anderlecht
Pl Fontainas
R du Midi
R de la Violette
R du Lombard
Pl A Lemmens
R de Cureghem
R de la Verdure
Pl de la Vieille Halle aux Blés
R du Vautour
R de Soignies
R des Alexiens
Chaussée de Mons
R des Foulons
R Bodeghem
Pl Anneessens
R de Dinant
Pl de Dinant
R Otlet
Pl Rouppe
R Terre-Neuve
R du Poinçon
R d'Accolay
R Gheude
R d'Artois
Bd Maurice Lemonnier
R des Ursulines
Bd de l'Empereur
R Brogniez
Bd Poincaré
R de la Caserne
R Roiger
Van der Weydan
Pl de la Chapelle
Square R Pequeur
R des Brigittinnes
R Notre Seigneur
R Limnander
R de l'Autonomie
Square de l'Aviation
Av de Stalingrad
MARROLLES
R du Miroir
Pl de la Constitution
R des Tanneurs
R St Ghislain
R Blaes
R Haute
Pl Bara
Bd Jamar
R Terre-Neuve
R du Lavoir
R Ernest Allard
R de l'Argonne
Pl Bruegel
R des Capucins
R des Minimes
Gare du Midi
Arrêt des bus Eurolines
Av de la Porte de Hal
Bd du Midi
Pl du Jeu de Balle
Pl Poelaert
Palais de Justice
R des Renards
R de France
Bus W du TEC
R de l'Hectolitre
R de Russie
R de la Rasière
R de l'Abricotier
R de la Prévoyance
Bus pour l'aéroport de Charleroi Bruxelles-Sud
R des Ménages
Pl J Jacobs
R d'Angleterre
R Haute
Voir carte Quartier royal et Sablon p. 58
R de Hollande
Bd du Midi
Bd de Waterloo
Av de la Toison d'Or
R Bosquet
Av Fonsny
R de Mérode
Porte de Hal
Hotel des Monnaies
R Jourdan
R d'Écosse
Pl des Héros
R Berckmans
Av Jean Volders
R de la Victoire
Pl J Dillens
R de la Source
Chaussée de Forest
R de l'Église St Gilles
Chaussée de Waterloo
R Théodore Verhaegen
Vers Wiels (1 km)
Voir carte Matongé Ixelles et Saint-Gilles p. 75
R de Bordeaux
0
500 m

VOIR

Offrant un panorama à perte de vue sur Bruxelles, l'ascenseur entre la place Poelaert et les Marolles est accessible gratuitement tous les jours de 7h à 23h.

MAISON DE BRUEGEL

☎ 02 513 89 40 ; rue Haute 132 ; Ⓜ Louise

Le musée aménagé dans cette demeure à pignons à redans où vécut et mourut Bruegel l'Ancien n'ouvre que sur réservation ; téléphonez avant votre venue ou renseignez-vous auprès de l'office du tourisme (p. 205).

ÉGLISE NOTRE-DAME DE LA CHAPELLE

place de la Chapelle ; 9h-17h lun-sam, 8h-19h30 dim ; prémétro Anneessens

Érigée en 1134, cette église est la plus ancienne de Bruxelles et abrite une chapelle consacrée à Bruegel l'Ancien, qui vécut non loin.

MUSÉE BRUXELLOIS DE LA GUEUZE (BRASSERIE CANTILLON)

☎ 02 521 49 28 ; www.cantillon.be ; rue Gheude 56 ; 5 € ; 8h30-17h lun-ven, 10h-17h sam ; Ⓜ Gare du Midi

À ne pas manquer : cette brasserie en activité vous fera découvrir les coulisses de la fabrication de la gueuze, bière unique à base de lambic (voir p. 12), dont la fermentation spontanée est due à des micro-organismes. Dégustation au programme.

WIELS

☎ 02 347 30 33 ; www.wiels.org ; av. Van Volxem 354 ; adulte/tarif réduit/moins de 12 ans 6/4 €/gratuit ; 12h-19h mer et jeu, 12h-22h ven, 11h-18h sam et dim ; 18 ou 52 ; ♿

Dans le sud-est des Marolles, l'ancienne brasserie Wielemans-Ceuppens, de style Art déco, a été transformée en centre d'art contemporain épuré où se tiennent chaque année six

SIGNALISATION POLYGLOTTE

Bilinguisme oblige, les communes, rues, gares et autres lieux de Bruxelles ont souvent (mais pas toujours) deux noms, telle la commune d'Elsene (flamand), plus connue des francophones sous le nom d'Ixelles. La signalisation fait apparaître le nom en français suivi de son équivalent flamand, ce qui donne "Petite Rue de la Violette Korte Violetstraat" ; le flamand *straat* ("rue") s'agglutine à la fin du mot. Aux Marolles, les panneaux sont en trois langues (français, flamand et bruxellois), donnant parfois des noms à rallonge, comme rue Haute Hoogstraat Op d'Huugstroet. Nous avons privilégié dans ce guide les toponymes en français.

Un ascenseur en verre conduit aux Marolles

expositions temporaires. Café-restaurant sur place, revues d'art à disposition et concert de temps à autre.

SHOPPING

Les deux artères principales des Marolles, les rues Haute et Blaes, sont des mines pour amateurs d'objets rétro et de mode vintage.

MARCHÉ DE LA GARE DU MIDI *Marché*

gare du Midi ; 6h-13h dim ;
Ⓜ Gare du Midi

Réputé être le plus grand d'Europe, ce vaste marché installé le long des rails a des saveurs cosmopolites : épices, fromages, viandes, cuirs, ainsi que des produits méditerranéens et nord-africains garnissent ses étals colorés. Les stands de restauration, avec notamment des bricks au fromage, au miel et aux légumes à accompagner de thé à la menthe, sont très appréciés par les noctambules au petit matin.

HALLES DES TANNEURS

Librairie, vinothèque, etc.

☎ 02 548 70 40 ;
www.hallesdestanneurs.be ;
rue des Tanneurs 60 ;
prémétro Anneessens

Pour mieux comprendre ce que deviennent les Marolles, allez faire un tour dans cette ancienne tannerie de style Art nouveau, rénovée avec talent : sur place, librairie, vinothèque, "architectes floraux", bar et restaurant.

PÊLE-MÊLE

Librairie d'occasion

02 548 78 00 ; bd Maurice Lemonnier 55 ; 10h-18h30 lun-sam ; M Gare du Midi

On passe des heures à musarder dans cette librairie d'occasion, qui vend aussi une large sélection de CD, BD et jeux vidéo.

MARCHÉ AUX PUCES DE LA PLACE DU JEU DE BALLE

Marché

place du Jeu de Balle ; 7h-14h ; M Porte de Hal ou prémétro Lemonnier

Les Marolles authentiques font encore entendre leur gouaille sur ce marché chaotique créé en 1919. C'est le week-end qu'il est le plus animé, mais les meilleures affaires se font en semaine, tôt le matin.

SE RESTAURER

CHÉRI CHÉRI

Bistrot €€

025 200 89 ; rue Haute 89 ; 8h-16h lun-ven, 8h-18h sam et dim ; prémétro Anneessens

Rayures multicolores aux murs, parquets et arrière-salle en béton nu pour cette nouvelle "cantine" au style chic décontracté. Une bonne cuisine de bistrot (risotto, gratin d'endives) est servie dans une vaisselle amusante. Le service est assez inégal. Laissons-leur un peu de temps.

COMME CHEZ SOI

Gastronomique €€€

02 512 29 21 ; place Rouppe 23 ; 12h-14h15 et 19h-23h mar et jeu-sam, 19h-23h mer, fermé mi-déc à début jan ; prémétro Anneessens

Qui a chez soi un cuisinier mitonnant salade parmentière au homard de la mer du Nord et truffes noires, filets de sole avec mousseline au Riesling et crevettes ou pigeon laqué au riz sauvage ? Les prix sont ébouriffants, mais la cuisine de Lionel Rigolet, gendre du grand chef Pierre Wynants, l'est tout autant.

LES PETITS OIGNONS

Belge €€€

02 512 47 38 ; rue Notre-Seigneur 13 ; 12h-14h30 et 19h-23h lun-sam ; M Louise

Au coin du feu crépitant en hiver ou dans la fraîcheur du jardin éclairé à la bougie de cette institution des Marolles, il vous faudra trancher d'entrée des dilemmes cornéliens, la commande des desserts étant prise en même temps que celle des plats...

L'IDIOT DU VILLAGE

Belge €€€

02 502 55 82 ; rue Notre-Seigneur 19 ; 12h-14h et 19h30-23h lun-ven ; M Louise

Réservation impérative pour cette adresse accueillante, cachée dans une petite ruelle près des Puces de la place du Jeu de Balle. La cuisine est ici riche et pleine de saveurs (herbes à l'honneur) et les assiettes bien garnies pour un restaurant aussi coté.

PRENDRE UN VERRE

CHEZ MARCEL *Bar*

02 511 13 75 ; place du Jeu de Balle 20 ; 7h30-17h ; M Porte de Hal

Ce vieux bar est un bastion de l'esprit authentique des Marolles, avec gueuze Cantillon, cuisine roborative et du charme à revendre.

LA FLEUR EN PAPIER DORÉ

Bar

02 511 16 59 ; rue des Alexiens 53 ; 11h-24h lun-jeu et dim, 11h-2h ven et sam ; prémétro Anneessens

Les artistes adorent ce bar hors des sentiers battus : il faut dire que les murs y parlent, grâce aux croquis et autres traits de plume laissés par de célèbres surréalistes bruxellois.

SORTIR

BAZAAR *Restaurant, Club*

02 511 26 00 ; www.bazaarresto.be ; rue des Capucins 63 ; 19h30-24h mar-jeu, 19h30-4h ven et sam ; M Porte de Hal

À l'étage, dans l'excellent restaurant à la déco flamboyante, on sert une cuisine internationale, par exemple l'autruche au porto (plats de 13 à 23 €). En bas, des DJ mixent rock, soul et funk dans le cellier d'un ancien monastère.

FUSE *Club*

02 511 97 89 ; www.fuse.be ; rue Blaes 208 ; avant/après 24h 5/10 € ; 23h-7h sam ; M Porte de Hal

Cette adresse est connue des clubbeurs pour être le temple de DJ connus comme DJ Pierre mixant house et deep house. Auprès des gays de toute l'Europe, le Fuse est réputé pour ses soirées La Démence (p. 171).

RECYCLART *Club, centre d'art*

02 502 57 34 ; www.recyclart.be ; gare de la Chapelle, rue des Ursulines 25 ; tarif d'entrée variable ; prémétro Anneessens

Ce laboratoire artistique dans l'ancienne gare de la Chapelle redonne vie à une friche industrielle. Il organise aujourd'hui des événements d'avant-garde (soirées, sets de DJ, installations artistiques, théâtre) et abrite un café.

> SAINTE-CATHERINE ET SAINT-GÉRY

Ce quartier bigarré conserve des airs portuaires. Jadis, Bruxelles était coupée en deux par un réseau de canaux servant aux transports de marchandises. Les voies d'eau furent autrefois couvertes pour enrayer les maladies, et le quartier resta longtemps à l'abandon. Depuis une vingtaine d'années, un retour en grâce a fait de Sainte-Catherine et de Saint-Géry des synonymes de la branchitude bruxelloise.

La rue Antoine Dansaert, principale artère et cœur de la mode à Bruxelles, est bordée de boutiques de créateurs belges, de bars fabuleux et de pléthore de restaurants. Au sud de la rue Antoine Dansaert, Saint-Géry nourrit une vie nocturne trépidante, tandis qu'au nord, Sainte-Catherine se distingue par ses nombreux restaurants et étals de fruits de mer.

Malgré un embourgeoisement continu, les nouvelles adresses branchées côtoient encore, dans d'étroites ruelles, boutiques à l'ancienne, épiceries du monde entier et pubs polis par le temps fréquentés par des Bruxellois pure souche.

SAINTE-CATHERINE ET SAINT-GÉRY

VOIR

Église Sainte-Catherine	1	C4
Zinneke	2	B5

SHOPPING

Christophe Coppens	3	B4
Hoet Design Store	4	B4
Le Bonheur	5	A3
Martin Margiela	6	B3
Natan XIII	7	B4
Nicolas Woit	8	B4
Stijl	9	B4

SE RESTAURER

AM Sweet	10	C5
Comocomo	11	C5
Crémerie de Linkebeek	12	C4
Henri	13	B3
La Belle Maraîchère	14	C4
La Mer du Nord	15	C4
La Papaye Verte	16	C4
Le Pain Quotidien	17	C5
Viva M'Boma	18	C4

PRENDRE UN VERRE

Frederic Blondeel	19	C4
Le Greenwich	20	C5
Monk	21	C4
Walvis	22	A3

SORTIR

Bizon	23	C5
Halles Saint-Géry	24	C5
Koninklijke Vlaamse Schouwburg	25	D2
L'Archiduc	26	C5

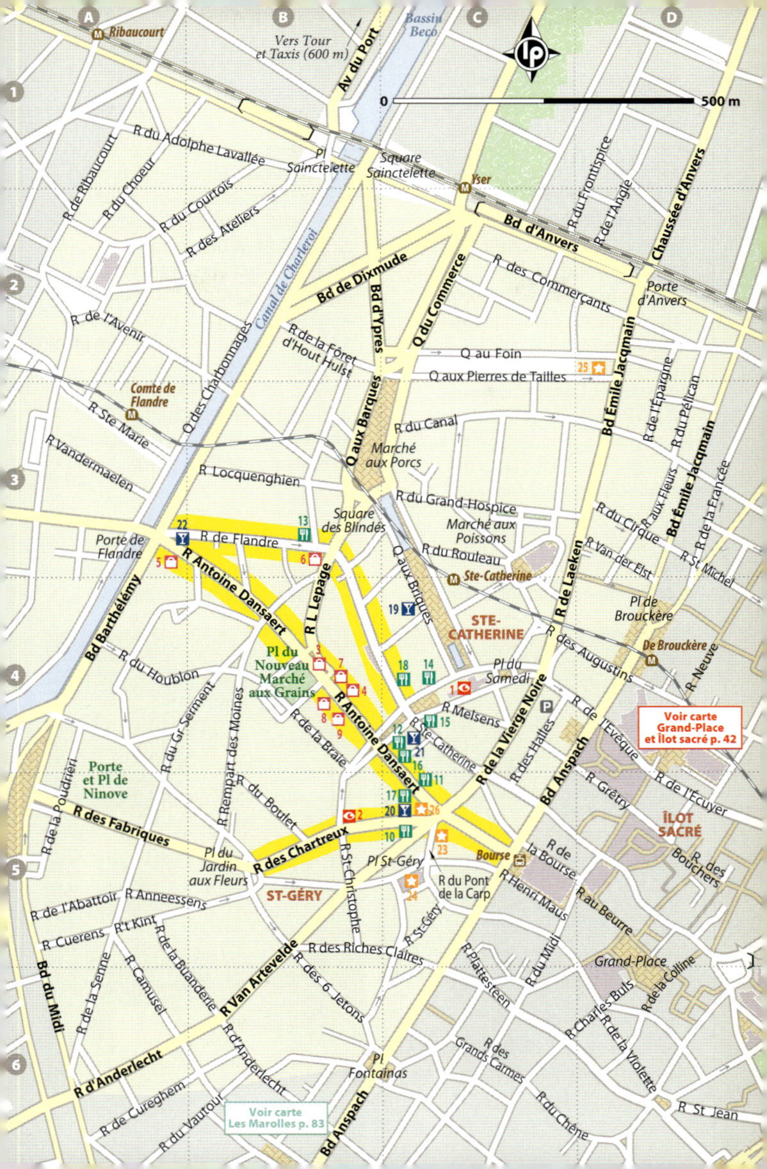

Ribaucourt
Vers Tour et Taxis (600 m)
Av du Port
Bassin Beco
0
500 m
R du Adolphe Lavallée
Pl Sainctelette
Square Sainctelette
Yser
R de Ribaucourt
R du Choeur
R du Courtois
R des Ateliers
Canal de Charleroi
Bd de Dixmude
Bd d'Ypres
Q du Commerce
Bd d'Anvers
R des Commerçants
R du Frontispice
R de l'Angle
Chaussée d'Anvers
Porte d'Anvers
R de l'Avenir
Q des Charbonnages
R de la Forêt d'Hout Hulst
Q au Foin
Q aux Pierres de Tailles
Bd Émile Jacqmain
Comte de Flandre
R Ste Marie
R Vandermaelen
Q aux Barques
R du Canal
Marché aux Porcs
R de l'Epargne
R du Pélican
R Locquenghien
R du Grand-Hospice
Square des Blindés
Marché aux Poissons
R aux Fleurs
R de la Francée
R du Cirque
R Van der Elst
R St Michel
Porte de Flandre
R de Flandre
R Antoine Dansaert
R L Lepage
Q aux Briques
R du Rouleau
Ste-Catherine
R de Laeken
Pl de Brouckère
Bd Barthélémy
STE-CATHERINE
R des Augustins
De Brouckère
R Neuve
R du Houblon
Pl du Nouveau Marché aux Grains
Pl du Samedi
R de la Braie
R Melsens
R Ste-Catherine
R de la Vierge Noire
R des Halles
R de l'Evêque
Voir carte Grand-Place et Îlot sacré p. 42
R du Gr Serment
R Rempart des Moines
Bd Anspach
R Grétry
R de l'Ecuyer
Porte et Pl de Ninove
R du Boulet
ÎLOT SACRÉ
R de la Poudrière
R des Fabriques
R des Chartreux
R St-Christophe
Bourse
R de la Bourse
R des Bouchers
Pl du Jardin aux Fleurs
Pl St-Géry
R du Pont de la Carp
R Henri Maus
R au Beurre
ST-GÉRY
R de l'Abattoir
R Anneessens
R Cuerens
R't Kint
R St-Géry
R des Riches Claires
R de la Buanderie
R Camusel
R de la Senne
R Van Artevelde
R des 6 Jetons
R Plattesteen
R du Midi
Grand-Place
R de la Colline
R Charles Buls
Bd du Midi
R d'Anderlecht
Pl Fontainas
R des Grands Carmes
R de la Violette
R de Cureghem
R du Vautour
Voir carte Les Marolles p. 83
Bd Anspach
R du Chêne
R St Jean

VOIR

ÉGLISE SAINTE-CATHERINE

place Sainte-Catherine ;
8h30-17h lun-sam, 8h30-12h dim ;
M Sainte-Catherine

Construite par Joseph Poelaert, l'architecte du palais de justice, cette église du XIXe siècle est le centre géographique du quartier. Sa façade noircie est assez ingrate, tout comme les urinoirs publics installés sur son flanc ouest derrière une grille de métal vert.

ZINNEKE

angle rue des Chartreux et rue du Vieux Marché aux Grains

zinneke est un vieux dialecte bruxellois qui signifie "personne aux origines métissées". Il fait écho à l'important metissage de la population bruxelloise.
La statue du Flamand Tom Frantzen représentant un chien la patte levée est donc un bâtard fier de l'être qui a d'ailleurs inspiré l'exubérante et cosmopolite parade de la Zinneke (p. 26).
Pour une balade à thème, allez voir aussi le Manneken Pis (p. 44) et la Jeanneke Pis (p. 44).

SHOPPING

La rue Antoine Dansaert est au centre de tout. Vous trouverez ici

La rue Antoine Dansaert, à la pointe de la mode

IDÉE BALADE – L'ATOMIUM ET BRUPARCK

Prenez le métro jusqu'au Heysel, dans le nord de la ville, pour découvrir ce symbole bruxellois qu'est l'**Atomium** (☎ 02 475 47 77 ; www.atomium.be ; square de l'Atomium ; adulte/tarif réduit/moins de 12 ans 9/7 €/gratuit ; 10h-18h), à quelques minutes à pied du métro. Érigée pour l'Exposition universelle de 1958 et tout juste rénovée, cette étonnante structure de 102 m de haut en acier inoxydable représente une molécule de fer agrandie 165 milliards de fois. Ses neuf sphères sont accessibles à l'intérieur par une série d'escalators et d'escaliers abrupts, contenant du mobilier des années 1950, et accueillant des expos temporaires et un restaurant. De la sphère la plus haute s'étend un beau panorama sur Bruxelles. Le soir, un éclairage scintillant illumine l'Atomium.

Juste en face, le complexe de loisirs **Bruparck** (☎ 02 474 83 77 ; www.bruparck.com, en flamand et français ; bd du Centenaire 20) comprend un parc aquatique, l'**Océade** (☎ 02 478 43 20 ; plus/moins de 1,30 m 15,50/12,50 € ; 10h-21h tlj juil et août, 10h-18h mar-ven, 10h-21h sam et dim avr-juin, 10h-18h mer-sam, 10h-21h sam et dim sept-déc et fév-mar, fermé jan), l'immense cinéma Kinepolis avec multiplex et IMAX, et surtout, **Mini-Europe** (☎ 02 478 13 13 ; www.minieurope.com ; adulte/moins de 12 ans 12,20/9,20 € ; 9h30-20h juil et août, 9h30-18h mi-mar à juin et sept-début janv, fermé début janv à mi-mars) : on découvre dans ce dernier plus de 350 répliques miniatures (à l'échelle 1/25) de grands sites européens, comme la cathédrale de Saint-Jacques de Compostelle (24 000 heures de travail), Big Ben, la Torre de Belém de Lisbonne ou le centre Pompidou à Paris, avec des animations comme de petits chemins de fer et même une vue en coupe du tunnel sous la Manche. Un moyen amusant pour petits et grands de revoir leur géographie, les maquettes étant de plus de vraies œuvres d'art. Certains week-ends d'été, Mini-Europe est ouvert jusqu'à minuit, avec feux d'artifices musicaux ; appelez pour connaître les dates.

Les stands de restauration rapide sont nombreux dans Bruparck, mais on peut aussi pique-niquer au parc de Laeken, qui s'étend de l'Atomium au Domaine royal (fermé au public), la résidence de la famille royale.

des boutiques de créateurs, de mode mais aussi d'accessoires et d'articles de maison sortant du lot, comme la **Hoet Design Store** (rue Antoine Dansaert 97), pour les lunettes du Flamand Theo, et **Natan XIII** (rue Antoine Dansaert 101), tenu par le gourou belge du style Thierry Struvay, aux vitrines fascinantes.

CHRISTOPHE COPPENS

Chapeaux

☎ 02 512 77 97 ; christophecoppens.com ; rue Léon Lepage 2 ; 11h-18h mar-sam ; M Sainte-Catherine

Des créations extravagantes aux airs théâtraux rappellent que ce modiste flamand a suivi une formation de costumier et d'acteur. Cette boutique vend ses chapeaux féminins ; sollicitez son équipe obligeante si vous cherchez des couvre-chefs pour hommes ou pour faire sensation dans un mariage.

LE BONHEUR *Musique et films*

☎ 02 511 64 14 ; rue Antoine Dansaert 196 ; 11h-19h lun-sam ; M Sainte-Catherine

En haut de la rue Antoine Dansaert, en évolution permanente, on fait ici le bonheur des fous de musique, de l'electronica à la world, avec en prime films d'animation et courts métrages, et de temps à autre des mixes de DJ en live.

MARTIN MARGIELA *Mode*

☎ 02 223 75 20 ; www.martinmargiela.com ; rue de Flandre 114 ; 11h-19h lun-sam ; M Sainte-Catherine

Margiela, diplômé de l'académie de mode anversoise en 1980, est souvent surnommé le septième "Six d'Anvers". Ses chaussures, accessoires et vêtements masculins et féminins aux couleurs discrètes sont présentés avec art dans cette boutique immaculée.

NICOLAS WOIT *Mode*

☎ 02 503 48 32 ; www.nicolaswoit.com ; rue Antoine Dansaert 80 ; 10h30-13h et 14h-18h mar-ven et dim, 10h30-18h30 sam ; M Sainte-Catherine

Tissus vintage trouvés aux puces et poupées Barbie des années 1950 et 1960 (comme la Barbie Hawaï ultra bronzée) inspirent la mode de ce créateur bruxellois formé à Paris auprès d'Issey Miyake et de Thierry Mugler.

STIJL *Mode*

☎ 02 512 03 13 ; rue Antoine Dansaert 74 ; 10h30-18h30 ; M Sainte- Catherine

La boutique phare de la mode à Bruxelles vend non seulement de grands noms comme Ann Demeulemeester et Dries Van Noten, mais aussi des créateurs montants comme Cathy Pill, dont les ateliers sont à deux pas. Par l'escalier de bois au fond du premier étage, accédez aux fins de collections à prix réduits.

SE RESTAURER

La place Sainte-Catherine, la rue Antoine Dansaert et le quai aux Briques possèdent de bonnes tables. Pour prendre le pouls du quartier, flânez rue de Flandre, où de nouveaux établissements branchés jouxtent vieilles épiceries et quincailleries hors d'âge.

AM SWEET

Salon de thé, confiserie

☎ 02 513 51 31 ; rue des Chartreux 4 ; 12h-18h30 mar, 9h30-18h30 mer-sam ; M Sainte-Catherine

Laurent Gerbaud
Chocolatier

Origines ? Un grand-père boulanger. Des études d'histoire médiévale jumelées à celle de la chocolaterie, la nuit ! Un séjour en Chine a bouleversé mon goût et mes idées sur le chocolat. J'ai créé mon entreprise en 2001. **En quoi vos idées ont-elles changé ?** Je n'utilise ni sucre ni beurre ni alcool. Juste du chocolat, en jouant avec les saveurs salées, amères et acides comme le piment doux ou les agrumes. **Votre philosophie ?** J'achète directement aux plantations et n'utilise que des ingrédients naturels, pas de conservateurs. C'est un marché haut de gamme, comme les grands crus ; mon chocolat coûte de 80 à 120 € le kilo. Nombre de chocolatiers misent sur le marketing, moi je privilégie la qualité. **La Belgique va-t-elle se séparer ?** Le fédéralisme va sans doute s'accentuer, mais nous demeurerons un seul pays.

À la Mer du Nord (p. 95), les crustacés se dégustent debout

Les tables de ce charmant salon de thé/confiserie sont disséminées sur deux niveaux, au gré de plusieurs salles. Donnant sur une rue quasi villageoise, Am Sweet a des airs d'appartement cosy, avec petites tables en métal, sièges recouverts de calicot, étagères de vieux livres et aquarelles aux murs. Adresse idéale pour le brunch ou un thé (excellent) avec, au rez-de-chaussée, un choix appétissant de douceurs, dont les chocolats de Laurent Gerbaud (voir p. 93).

COMOCOMO

Tapas basques €

☎ 02 503 03 30 ; rue Antoine Dansaert 19 ; 12h-15h et 19h-23h ; prémétro Bourse

Dans ce restaurant dont on parle, un tapis roulant fait défiler les *pintxos* (tapas basques), parmi lesquels poulpes et mini-sandwichs au jambon, identifiables à leur code couleur (violet pour le porc, bleu pour le poisson, etc.). Pourtant, la plupart des commensaux sont plus fascinés par le défilé de "modeux" devant les baies vitrées.

CRÉMERIE DE LINKEBEEK

Traiteur €

☎ 02 512 35 10 ; rue du Vieux Marché aux Grains 4 ; 9h-15h lun, 9h-18h mar-sam ; M Sainte-Catherine

Fondée en 1902, la meilleure fromagerie de Bruxelles a conservé ses vieux carrelages, mais aussi un choix enivrant de fromages à emporter, accompagnés de salade dans de croustillants sandwichs emballés dans du papier blanc et bleu.

HENRI *Belge* €€

☎ 02 218 00 08 ; rue de Flandre 113 ; 12h-14h et 18h-23h sam ; M Sainte-Catherine

Dans une vaste salle aérée de cette rue à suivre, Henri nous mitonne une cuisine fusion piquante : thon au gingembre, soja et citron vert, artichauts aux scampi, citron vert et tapenade ou filet de bœuf argentin au persil. Bonne carte des vins et serveurs compétents.

LA BELLE MARAÎCHÈRE

Fruits de mer €€€

☎ 02 512 97 59 ; place Sainte-Catherine 11a ; fermé mer et jeu ; M Sainte-Catherine

Sainte-Catherine ne manque pas de cuisines de la mer, mais cette adresse au charme traditionnel est depuis longtemps la préférée des Bruxellois bien informés. La famille Devreker prépare ici homard et poissons avec le plus grand respect, et vous ne trouverez pas mieux pour découvrir les fameuses moules au vin blanc.

LA MER DU NORD

Fruits de mer €

☎ 02 513 11 92 ; rue Sainte-Catherine 45 ; poissonnerie 8h-18h mar-ven, 8h-17h sam, bar 8h-18h mar-dim ; M Sainte-Catherine

Dehors, un auvent bleu cobalt abrite un étal où reposent dans la glace moules, huîtres, poissons et crustacés de première fraîcheur. Vous pouvez en acheter à emporter, ou admirer leur préparation pour les déguster accompagnés d'un verre de muscadet, debout au bar en extérieur.

LE PAIN QUOTIDIEN

Café €

☎ 02 502 23 61 ; rue Antoine Dansaert 16 ; 7h30-19h lun-sam, 7h30-18h dim ; prémétro Bourse

MOULES ET FRITES

Les cassolettes fumantes de moules (*mosselen* en flamand) figurent sur toutes les tables de restaurants. On les prépare traditionnellement au vin blanc, avec des variantes comme les moules à la provençale (tomate), à la bière ou à la crème. Les moules sont toujours accompagnées de frites. On ne mangeait jadis des moules que pendant les mois en "r", pour garantir leur fraîcheur. Grâce aux techniques modernes de culture, c'est désormais un plaisir toute l'année. En revanche, méfiez-vous d'un mollusque qui ne s'est pas ouvert à la cuisson.

RÉACTION EN CHAÎNE

Inutile de chercher un Starbucks, un Burger King ou un KFC, il n'y en a pas un seul en Belgique. Le pays affiche par ailleurs le plus petit nombre de McDonald's par habitant dans les pays développés, l'enseigne n'étant pas le numéro un du hamburger outre-Quiévrain. Cet honneur revient au fast-food made in Belgium, Quick. Mieux encore, la Belgique fut un pionnier de la restauration rapide, saine et de qualité (adresses sur les sites Internet) :
Exki (www.exki.be, en flamand et français)
The Foodmaker (www.thefoodmaker.be)
Le Pain quotidien/Het Dagelijks Brood (p. 95 ; www.painquotidien.com)

C'est à cette adresse que le boulanger Alain Coumont fonda en 1990 ce qui devait devenir une chaîne internationale prospère (voir ci-dessus) – Het Dagelijks Brood en flamand. Autour de la grande table en bois, créateurs de mode, professionnels de la com et noctambules en after se retrouvent pour se sustenter de pain frais, pâtisseries, tartes, salades, sandwichs et gâteaux au chocolat à se damner.

LA PAPAYE VERTE

Vietnamien et thaï €€

02 502 70 82 ; rue Antoine Dansaert 53 ; 12h-14h30 lun-mar et jeu-sam, 18h-23h jeu-mar ; prémétro Bourse

À la carte de ce restaurant asiatique animé mais décontracté, currys verts et rouges, nouilles succulentes et légumes, fruits de mer et viandes sautés à accompagner de bières thaïs. Service efficace et grande qualité.

VIVA M'BOMA

Belge €€

02 512 15 93 ; rue de Flandre 17 ; midi lun-sam, soir mer-sam sur réservation ; M Sainte-Catherine

Cette ancienne triperie carrelée de blanc est devenue un restaurant fameux. En Bruxellois, Viva M'Boma veut dire "vive la grand-mère", et la cuisine tripière mitonnée ne ferait rougir ni les grands-mères ni les tripiers : rognons de veau, cassolettes au foie ou steaks de cheval sont servis avec des frites maison ou du *stoemp* (purée de pommes de terre et légumes), à faire suivre par exemple de glace au *speculaas* (speculoos, p. 49).

PRENDRE UN VERRE

Cafés chaleureux et bars où voir et être vu abondent à Sainte-Catherine et Saint-Géry.

FREDERIC BLONDEEL
Salon de thé, chocolatier

☎ 02 502 21 31 ; www.frederic-blondeel.be ; quai aux Briques 24 ; 10h30-18h30 lun-sam, 13h-18h30 dim ; M Sainte-Catherine

La déco élégante et minimaliste de la boutique de ce chocolatier flamand en fait une adresse stylée pour un thé, à déguster en admirant les belles pralines en vitrine.

LE GREENWICH *Pub*

☎ 02 511 41 67 ; rue des Chartreux 7 ; 10h30-1h lun-jeu, 10h30-2h ven et sam ; prémétro Bourse

Lieu légendaire pour tous les joueurs d'échecs et qui vit passer de grands noms comme Bobby Fischer, le Greenwich reste le temple de l'échiquier.
Le jeu est un spectacle à part entière (d'ailleurs, il n'y a pas de musique).

CHIC INDUSTRIEL AU TOUR ET TAXIS

À 600 m au nord-ouest du métro Yser, le quartier du canal de Bruxelles, longtemps abandonné, reprend vie grâce au réaménagement des hangars et des entrepôts des douanes. Ces bâtiments furent construits il y a plus d'un siècle par la famille Tour et Taxis, fondatrice de la poste belge. Le **Tour et Taxis** (☎ 02 420 60 69 ; www.tourtaxis.be ; rue Picard 3 ; M Yser) accueille désormais des expositions temporaires, telle *Star Wars*, et un nombre grandissant de boutiques, bars et restaurants misant sur le chic industriel. Ces rénovations s'intègrent dans un ambitieux projet de réhabilitation de tout le secteur du canal.

MONK *Pub*

☎ 02 503 08 80 ; rue Ste Catherine 42 ; 16h-2h lun-jeu, 16h-3h ven-sam ; M Sainte-Catherine

Avec ses deux salles du XVIIe siècle toutes de miroirs et de bois, le Monk est devenu sans grand effort un lieu de rendez-vous pour Bruxellois dans le vent.

WALVIS *Bar*

☎ 02 219 95 32 ; www.cafewalvis.be ; rue Antoine Dansaert ; 11h-2h lun-jeu et dim, 11h-4h ven et sam ; M Sainte-Catherine

Dans ce bar ultra-cool, entrée gratuite, ambiance du tonnerre, personnel excellent et sons variés, de la soul au punk en passant par le rock progressif (en live, avec DJ ou simplement en bande son).

SORTIR

La place Saint-Géry et ses alentours ont de quoi ravir les noctambules.

BIZON *Blues*

02 502 46 99 ; rue du Pont de la Carpe 7 ; entrée libre ; 18h-tard ; prémétro Bourse

Une bonne adresse pour écouter du blues classique ou plus novateur et boire des bières spéciales et du genièvre.

HALLES SAINT-GÉRY

Bar et centre d'expositions

0486 22 35 20 ; www.hallessaintgery.be, en flamand et français ; place Saint-Géry 1 ; expos 10h-18h lun-sam, bar 10h-24h dim-jeu, 10h-3h ven-sam ; M Sainte-Catherine

Dans ces anciennes halles de marché avec galeries sur l'ancienne île Saint-Géry se dresse un grand obélisque marquant le kilomètre zéro, d'où sont calculées toutes les distances en Belgique. Les Halles Saint-Géry accueillent désormais, le jour, des expos d'art et, le soir, un bar où des DJ mixent funk, house et autres sons. L'été, la fête s'étend dehors et se poursuit jusqu'à l'aube.

KONINKLIJKE VLAAMSE SCHOUWBURG

Théâtre

02 210 11 12 ; www.kvs.be ; rue de Laeken 146 ; M Yser

Derrière sa façade Renaissance, le Théâtre royal flamand monte des productions d'avant-garde en danse et théâtre.

L'ARCHIDUC *Jazz*

02 512 06 52 ; www.archiduc.net ; rue Antoine Dansaert 6 ; 16h-tard ; prémétro Bourse

L'Archiduc est reconnaissable à sa devanture vert jade. Sonnez, puis installez-vous avec un martini dans ce bar Art déco, années 1930, qui accueille des concerts d'artistes locaux (gratuit) le samedi, des affiches internationales (environ 10 €) le dimanche, le tout dans une atmosphère vraiment exceptionnelle. Concerts à 17h.

> BRUGES

Le beffroi de Bruges (p. 101) traverse les siècles, imperturbable. Tendez l'oreille pour entendre son carillon !

> BRUGES

Bruges la belle (Brugge en flamand), véritable musée à ciel ouvert, attire quelque 3,2 millions de visiteurs par an. Avec son harmonieuse architecture gothique, ses canaux bordés de saules et ses places de marchés animées, Bruges a un charme fou. Les touristes d'un jour ont beau arpenter les rues pavées et s'entasser dans des bateaux et des calèches, ils ne parviennent pas à dissiper l'ambiance intemporelle qui se dégage dès l'arrivée aux portes de la ville, vieilles de 700 ans.

Malgré son âge, Bruges est une ville bien vivante. Sur une population de 117 000 personnes, 20 000 habitent dans le centre historique, délimité par des canaux. Oubliez les boutiques de souvenirs et découvrez de jeunes artisans et des cafés nichés dans les ruelles. C'est en flânant tôt le matin ou après le départ des derniers bus touristiques que Bruges vous dévoilera tous ses charmes.

BRUGES

VOIR

Béguinage 1 C7
Beffroi 2 C5
Brasserie De Halve Maan. 3 C7
Crowne Plaza Hotel 4 D5
Diamantmuseum 5 D7
Groeningemuseum 6 D6
Heilig-Bloedbasiliek (basilique du Saint-Sang) 7 D5
Kantcentrum 8 E4
Koeleweimolen 9 E1
Museum St Janshospitaal 10 C6
Onze Lieve Vrouwekerk (église Notre-Dame) . 11 C6
St Janshuismolen 12 F3
't Begijnhuisje Museum 13 C7

SHOPPING

2BE 14 D5
Beursplein 15 A6
Chocolate Line 16 C5
De Reyghere Reisboekhandel 17 C5
De Striep 18 C6
Markt 19 C5
Olivier Strelli 20 C5
Rombaux 21 D4
't Apostolientje 22 E3
't Zand 23 B6
Tintin Shop 24 C5
Vismarkt 25 D5
Zilverpand 26 C5

SE RESTAURER

Bar Choc 27 C5
Cafédraal 28 C6
Chagall 29 C5
Da Vinci 30 C5
De Bron 31 D7
De Karmeliet 32 E4
De Stove 33 C5
Den Dyver 34 D5
Gran Kaffee de Passage.. 35 B6
Nieuw Museum 36 F5
Tous Paris 37 B6

PRENDRE UN VERRE

Brugs Beertje 38 C5
Café Vlissinghe 39 D3
Cambrinus 40 D4
De Garre 41 D5
De Republiek 42 C4
L'Estaminet 43 D5
't Poatersgat 44 C4

SORTIR

Cactus Muziekcentrum . 45 A7
Cinéma Lumière 46 C4
Concertgebouw 47 B6
Du Phare 48 E1
Joey's Café 49 B5
Retsin's Lucifernum 50 D4
Wijnbar Est 51 C5

Voir carte page suivante

VOIR

L'office du tourisme de Bruges (p. 207) propose différents billets combinés, dont le "Combi-5" pour cinq musées (15 €) et le "Cyclo-3" pour les cyclistes, comprenant l'entrée à trois musées et une boisson gratuite (15 €).

BÉGUINAGE (BEGIJNHOF)

Begijnhof 1 ; entrée libre ; 9h-18h30

Une sérénité totale émane de ces maisons chaulées, entourées de murs protecteurs et organisées autour d'un jardin qui se couvre de jonquilles au printemps. Institutions catholiques réservées aux femmes célibataires ou veuves, les *begijnhoven* (béguinages) étaient au nombre de 1 500 en Belgique au début du XXe siècle et il en reste 22 aujourd'hui. Datant du XIIIe siècle, celui-ci est bien préservé et accueille toujours des nonnes bénédictines. Sur place, le minuscule **'t Begijnhuisje museum** (2/1,50 €/gratuit ; 9h30-12h et 13h45-17h lun-sam, 10h45-12h et 13h45-17h dim) vous ouvre les portes d'une maison traditionnelle. Prolongez la visite en allant voir, non loin, les cygnes du **parc Minnewater** (lac d'Amour).

BEFFROI

Markt ; 5/4 €/gratuit ; 9h30-17h

Symbole de Bruges, ce beffroi du XIIIe siècle est inscrit sur la liste du patrimoine mondial de l'Unesco et domine la Grand-Place (Markt) du haut de ses 83 m. La montée des 366 marches vous fera découvrir le trésor, la cloche et le carillon manuel à 47 cloches, qui tinte régulièrement à travers la ville.

BROUWERIJ DE HALVE MAAN (BRASSERIE)

☎ 050 33 26 97 ; www.halvemaan.be ; Walplein 26 ; visite 5 € ; visite de 45 min toutes les heures 11h-16h avr-sept, 11h et 15h oct-mars ; brasserie 10h30-18h, fermé 2 semaines mi-janv

BONS BAISERS DE BRUGES

Bruges est devenue une star du grand écran lorsque la comédie policière *Bons baisers de Bruges* a été projetée en avant-première au Festival du film Sundance 2008. Personnages principaux de ce film écrit et réalisé par l'Irlandais Martin McDonagh, Colin Farrell et Brendan Gleeson jouent le rôle de deux gangsters contraints par leur patron (Ralph Fiennes) à se cacher dans la ville, alors dans l'effervescence précédant les fêtes de Noël. Pour eux, il s'agira bel et bien de "Tirer d'abord, visiter ensuite", et leur mission sera ponctuée par une multitude de rencontres avec des personnages surréalistes et felliniens. Certaines vitrines ont été créées pour le tournage, mais dans l'ensemble le cadre est authentiquement brugeois.

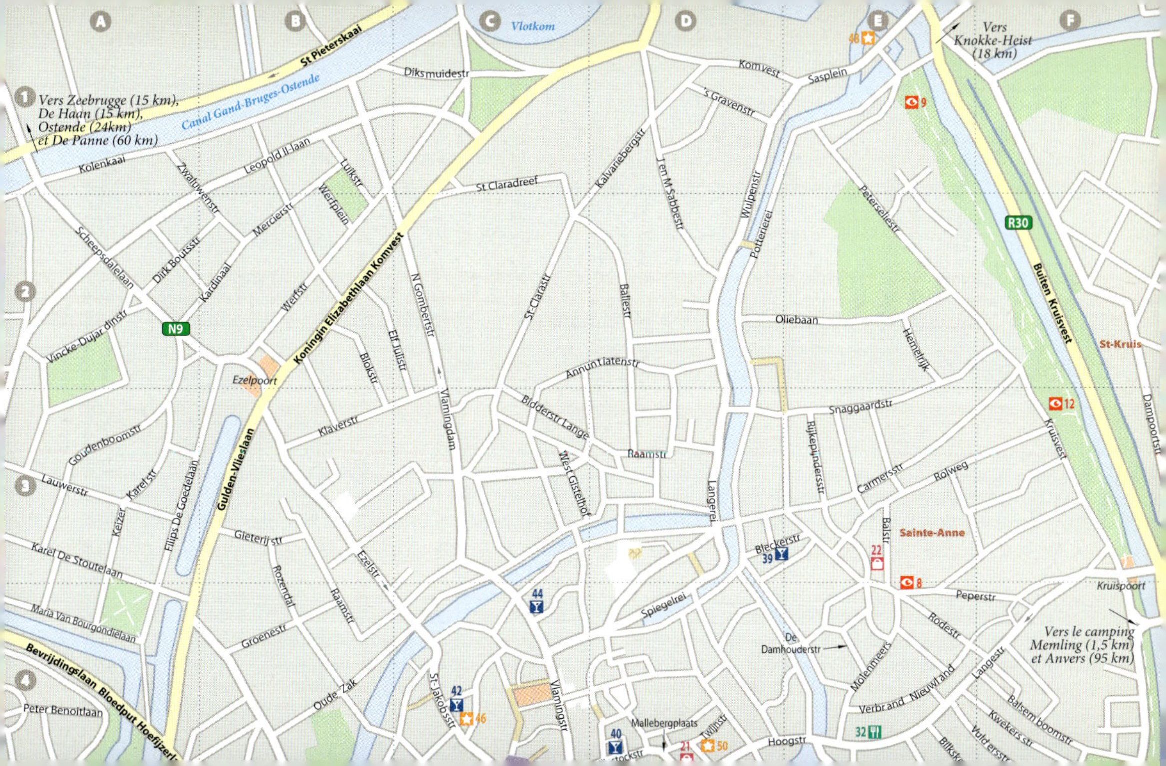

A
B
C
D
E
F
1
2
3
4
Vlotkom
St Pieterskaai
Canal Gand-Bruges-Ostende
Vers Zeebrugge (15 km), De Haan (15 km), Ostende (24km) et De Panne (60 km)
Vers Knokke-Heist (18 km)
Diksmuidestr
Komvest
Sasplein
's Gravenstr
Kolenkaai
Zwaluwenstr
Leopold II-laan
Luikstr
Werfplein
Mercierstr
Scheepsdalelaan
Dirk Boutsstr
Kardinaal
Werfstr
N9
Vincke-Dujar dinstr
St Claradreef
Kalvariebergstr
J en M Sabbestr
Wulpenstr
Potterierei
Peterseliestr
R30
Buiten Kruisvest
St-Kruis
Koningin Elizabethlaan Komvest
N Gombertstr
St-Clarastr
Ballestr
Oliebaan
Hemelrijk
Elf Julistr
Blokstr
Ezelpoort
Annuntiatenstr
Snaggaardstr
12
Kruisvest
Dampoortstr
Klaverstr
Vlamingdam
Bidderstr Lange
Raamstr
Rijkepijndersstr
Carmersstr
Rolweg
Goudenboomstr
Lauwerstr
Karel str
Kelzer
Filips De Goedelaan
Gulden-Vlieslaan
West Gistelhof
Langerei
Balstr
Sainte-Anne
Gieterij str
Bleckerstr
39
22
8
Peperstr
Kruispoort
Karel De Stoutelaan
Rozendal
Ezelstr
44
Spiegelrei
Rodestr
Maria Van Bourgondiëlaan
Raamstr
Groenestr
De Damhouderstr
Vers le camping Memling (1,5 km) et Anvers (95 km)
Oude Zak
Molenmeers
Langestr
Bevrijdingslaan Bloedput Hoefijzerl
Peter Benoitlaan
St-Jakobsstr
42
46
Vlamingstr
Mallebergplaats
Twijnstr
40
21
50
Hoogstr
Verbrand Nieuwland
32
Balsem boomstr
Kwekers str
Vuld ersstr
Bilksk
9
48

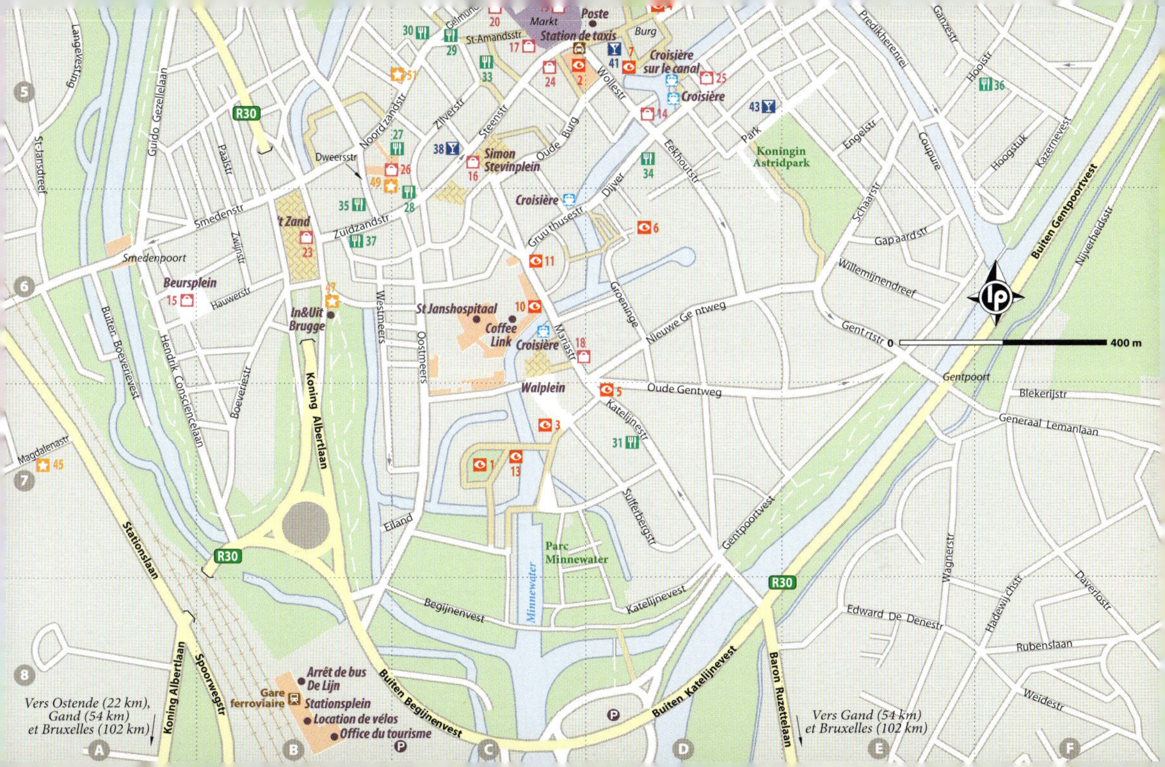
Markt
Poste
Station de taxis
Burg
Croisière sur le canal
Croisière
Koningin Astridpark
Simon Stevinplein
't Zand
Smedenpoort
Beursplein
In&Uit Brugge
St Janshospitaal
Coffee Link
Walplein
Parc Minnewater
Minnewater
Arrêt de bus De Lijn
Gare ferroviaire
Stationsplein
Location de vélos
Office du tourisme
Vers Ostende (22 km), Gand (54 km) et Bruxelles (102 km)
Vers Gand (54 km) et Bruxelles (102 km)
Langevesting
St-Jansdreef
Guido Gezellelaan
Paalstr
Zwijnstr
Smedenstr
Hauwerstr
Buiten Boeverievest
Hendrik Consciencelaan
Boeverievest
Koning Albertlaan
Stationslaan
Spoorwegstr
Magdalenastr
Buiten Begijnenvest
Begijnenvest
Buiten Katelijnevest
Katelijnevest
Baron Ruzettelaan
Noordzandstr
Zuidzandstr
Dweersstr
Zilverstr
Steenstr
St-Amandsstr
Gelmunde
Wollestr
Oude Burg
Dijver
Eekhoutstr
Park
Gruuthusestr
Mariastr
Groeninge
Nieuwe Gentweg
Oude Gentweg
Katelijnestr
Westmeers
Oostmeers
Eiland
Sulferbergstr
Gentpoortvest
Gentpoort
Gentpoortstr
Buiten Gentpoortvest
Nijverheidsstr
Predikherenrei
Ganzestr
Hooistr
Coupure
Engelstr
Hoogstuk
Kazernevest
Schaarstr
Gapaardstr
Willemijnendreef
Blekerijstr
Generaal Lemanlaan
Wagnerstr
Edward De Denestr
Hadewijchstr
Rubenslaan
Daverlostr
Weidestr
R30
0
400 m
A
B
C
D
E
F
5
6
7
8
1
2
3
5
6
7
10
11
13
14
15
16
17
18
20
23
24
25
26
27
28
29
30
31
33
34
35
36
37
38
41
43
45
47
49
51

En activité entre 1856 et 2000, cette brasserie fut réhabilitée en 2005 par Xavier Vanneste (ci-contre), qui représente la 6e génération de brasseurs dans ces lieux. La visite vous dévoile les techniques familiales et les outils traditionnels, ainsi que les équipements sophistiqués utilisés à présent pour élaborer la Brugse Zot blonde ou double brune. Vos efforts pour grimper les escaliers abrupts de la brasserie "demi-lune" seront récompensés par une dégustation et un point de vue splendide sur Bruges depuis le toit.

DIAMANTMUSEUM

☎ 050 34 20 56 ; www.diamondmuseum.be ; Katelijnestraat 43 ; musée 6/3 €, démonstration de polissage de diamant 3 € en sus ; 10h30-17h30
Au Moyen Âge, avant qu'Anvers ne devienne la capitale belge du diamant, c'est à Bruges que revenait ce titre. Tous les jours à 12h15, venez assister à une démonstration de polissage de diamant dans le sous-sol médiéval du musée du Diamant. Il faut arriver avant midi.

GROENINGEMUSEUM

Dijver 12 ; 8/6 €/gratuit ; 9h30-17h mar-dim ; ♿
Ce superbe musée conserve des pièces du XIVe au XXe siècle, notamment des tableaux des primitifs flamands (salle 2) avec des chefs-d'œuvre de Jan Van Eyck et Hans Memling. Ne manquez pas les travaux de Hieronymus Bosch (salle 1) et des surréalistes René Magritte et Paul Delvaux (salle 9). Sachez que le musée sera en partie fermé en janvier 2009 et complètement fermé en février et mars 2009 ; appelez l'office du tourisme pour plus de détails.

HEILIG-BLOEDBASILIEK (BASILIQUE DU SAINT-SANG)

Burg 15 ; basilique entrée libre, musée 1,50 €/gratuit ; 9h30-12h et 14h-18h avr-sept, 10h-12h et 14h-16h jeu-mar, 10h-12h mer oct-mars ; ♿

TRÉSOR CACHÉ

En 1988, pendant les travaux de construction du **Crowne Plaza Hotel** (Burg 10), les ouvriers mirent au jour un mur, qui appartenait à l'église Saint-Donatien (St-Donaas), dont les fondation remonteraient au Xe siècle ; Charles le Bon, comte de Flandre, y aurait été assassiné en 1127. Les autorités autorisèrent la poursuite des travaux, à condition que les vestiges soient accessibles gratuitement au public. Excepté lors de conférences et de séminaires, vous pourrez vous rendre dans les sous-sols de l'hôtel pour découvrir des cartes anciennes, des peintures et des tombeaux, et profiter d'un peu de calme.

Xavier Vanneste

Directeur général et brasseur, Brouwerij de Halve Maan

Pourquoi relancer la brasserie (p. 101) ? Après avoir créé le musée, j'ai voulu revenir à mes racines et recommencer à brasser ici. **Pourquoi avait-elle fermé ?** Une compagnie de brassage l'avait rachetée avant de mettre la clé sous la porte. Bruges comptait jadis 30 brasseries et le même scénario s'est répété maintes fois. C'est désormais la seule brasserie dans le centre-ville. **Votre production annuelle ?** Un million de litres. Dans le passé, la bière était la boisson du pauvre ; aujourd'hui, les chefs l'utilisent en cuisine ! **Votre restaurant préféré pour la cuisine à la bière ?** Question piège, mais je dirais Den Dyver (p. 112). **Votre bar préféré ?** Brugs Beertje (p. 113), où la bière est très bien servie. **La scission de la Belgique ?** On devrait arriver à vivre ensemble ; il n'est question ici ni d'oppression ni de guerre.

La relique la plus honorée à Bruges est un tabernacle en argent renfermant une fiole qui contiendrait le sang du Christ, d'où le nom de basilique du Saint-Sang. Le tabernacle est conservé dans la chapelle supérieure datant du XIIe siècle. Le jour de l'Ascension (mi-mai), il est transporté en ville au cours de la **Heilig-Bloedprocessie** (procession du Saint-Sang ; www.holyblood.com). Au musée, vous pourrez admirer le reliquaire incrusté de pierres utilisé pour la procession.

KANTCENTRUM

☎ 050 33 00 72 ; www.kantcentrum.com ; Peperstraat 3a ; 2,50/1,50 €/gratuit ; 10h-12h et 14h-18h lun-ven, 14h-17h sam

Dans le quartier résidentiel de Sainte-Anne, le musée de la Dentelle occupe un hospice joliment conservé. Ces propriétés en terrasse étaient achetées par des corporations de marchands pour leurs membres et par de riches philanthropes pour aider des personnes âgées et démunies. L'après-midi, assistez au travail les dentellières qui se rassemblent spontanément dans une petite salle à l'arrière. Sur place, le musée présente une petite collection de dentelles traditionnelles.

MUSEUM ST JANSHOSPITAAL

Mariastraat 38 ; 8/6 €/gratuit ; musée de l'Hôpital 9h30-17h mar-dim, pharmacie 9h30-11h45 et 14h-17h mar-dim ;

Au sein de l'hôpital Saint-Jean, cette chapelle du XIIe siècle, transformée en musée, contient 6 chefs-d'œuvre du primitif flamand Hans Memling, notamment le triptyque du *Mariage mystique de Sainte-Catherine* (1479), ainsi que des tableaux d'autres artistes de la même période. Le billet donne accès à la pharmacie (*apotheek*) restaurée datant du XVIIe siècle qui le jouxte.

LES MOULINS À VENT DE BRUGES

Une promenade le long du canal bordant la partie orientale de Bruges fait traverser un agréable espace vert, dominé par des moulins à vent. Du XIIIe au XIXe siècle, les remparts de Bruges étaient en effet ornés de *molens*. Sur les quatre restants, deux sont ouverts à la visite et accueillent un petit musée : le **St Janshuismolen** (Kruisvest ; 2/1,50 € ; 9h30-12h30 et 13h30-17h mar-dim mai-sept), datant du XVIIIe siècle, et le **Koeleweimolen** (Kruisvest ; 2/1,50 € ; 9h30-12h30 et 13h30-17h mar-dim juil-août). Malgré ce détournement touristique, ils continuent vaillamment à moudre du grain pour le transformer en farine.

ONZE LIEVE VROUWEKERK (ÉGLISE NOTRE-DAME)

Mariastraat ; 2,50/2 €/gratuit ; 9h30-16h50 lun-sam, 13h30-16h50 dim ;

Flanquée d'une tour de 118 m de haut, cette église du XIIIe siècle renferme quelques joyaux, par exemple un marbre de Michel-Ange intitulé la *Madone de Bruges* (1504), unique œuvre ayant quitté l'Italie du vivant de l'artiste.

SHOPPING

Il y a deux principales rues commerçantes à Bruges. Steenstraat est jalonnée de chaînes internationales, de magasins de chaussures et de quelques centres commerciaux, alternant avec des chocolatiers. Parallèlement, à une rue au nord-ouest, la Noordzandstraat, qui se prolonge au nord par la Geldmuntstraat, est beaucoup plus chic et accueille des stylistes comme le Belge Olivier Strelli (à l'angle de Geldmuntstraat et Eiermarkt 3).

2BE *Produits artisanaux*

050 61 12 22 ; Wollestraat 43 ; boutique 10h-19h, café 12h-19h

Occupant une demeure gothique du XVe siècle, cet élégant magasin vend un incroyable choix de chocolats artisanaux, vins, *jenever*, conserves, bonbons, gâteaux et autres spécialités belges. Large éventail de bières dont la Brugse Zot, typique de la ville, que vous pouvez goûter au café au bord du canal. Demandez au personnel de vous dire deux mots au sujet du fantôme de Perez de Malvenda, l'ancien maire espagnol qui habitait cette maison.

CHOCOLATE LINE *Chocolats*

050 34 10 90 ; www.thechocolateline.be ; Simon Stevinplein 19 ; 10h-18h

Si Bruges compte 50 boutiques de chocolat, 5 seulement sont aussi des chocolateries. Et Chocolate Line est la meilleure d'entre elles. Parmi les saveurs audacieuses élaborées par Dominique Persoone, citons le Coca-Cola amer, ou le trio olive noire, tomate, basilic. On y vend aussi des pots de chocolat, qui sont des soins pour le corps (avec un pinceau). Horaires d'ouverture variables.

DE REYGHERE REISBOEKHANDEL *Librairie*

050 49 12 29 ; Markt 13 ; 9h30-12h30 et 13h30-18h lun-sam

Dans cette librairie de voyage, les innombrables guides en français et flamand, notamment, vous donneront à coup sûr d'autres envies d'évasion.

IDÉE ÉVASION – LA CÔTE BELGE

Depuis Bruges, un rapide trajet en train (ou 50 min à vélo) vous conduira jusqu'au littoral belge (carte p. 8). La côte s'étend sur 65 km seulement mais elle offre une étonnante variété de paysages, avec des dunes protégées et quelques sites attirant des oiseaux migrateurs. Vous découvrirez aussi une succession de stations balnéaires au caractère bien trempé.

Quelques excursions incontournables : la promenade en bord de mer à **Ostende** (Oostende ; www.inenuitoos tende.be), jadis une ville glamour, et devenue un port de pêche animé ; l'ambiance Belle Époque de la station balnéaire de **De Haan** (www.dehaan.be) ; les buildings de **Knokke-Heist** (www.knokke-heist.be), qui accueille nombre d'événements d'art contemporain, notamment un festival de photographie (avril) et le Festival international du dessin humoristique (juin ou juillet) ; la superbe **Fondation Paul Delvaux** (☎ 058 52 12 29; www.delvauxmuseum.com ; Delvauxlaan 42 ; 5 € ; 🕓 10h30-17h30 mar-dim avr-sept, jeu-dim oct-déc, fermé janv-mars), qui occupe à Saint-Idesbald la maison et le studio du peintre surréaliste Paul Delvaux (1897-1994) ; le charmant parc d'attractions **Plopsaland** (☎ 058 42 02 02 ; www.plopsaland.be, en flamand ; De Pannelaan 68, Adinkerke-De Panne ; 23/22 €/gratuit pour les enfants de moins de 1 m ; 🕓 10h-17h30 avr-juin, 10h-19h juil-août, 10h-17h30 mer, sam et dim sept-oct), à De Panne, qui met à l'honneur des personnages de la TV belge tels que le lutin Plop.

Les **tramways côtiers** (De Kusttram ; ☎ 070 22 02 20 ; www.dekusttram.be, en flamand) desservent tout le littoral, ou presque, et s'arrêtent dans toutes les villes du bord de mer entre Knokke-Heist et la frontière néerlandaise (au nord-est) ou De Panne, près de la frontière française (au sud-ouest). Le voyage complet dure un peu plus de 2 heures, avec 70 arrêts, notamment dans les villes mentionnées ci-dessus (Plopsaland dispose de son propre arrêt). Les tramways partent toutes les 15 minutes (depuis Knokke et De Panne) entre 5h30 et 23h. L'aller simple pour un trajet court/long coûte 1,20/2 € ; vous pouvez aussi acheter un billet valable 1/3 jours pour 5/10 €, offrant un nombre de voyages illimité en tramway ou en bus De Lijn. Toutes les heures, des trains relient Bruges à Knokke (3 €, 15 min), Ostende (3,30 €, 15 min), Zeebrugge (2,40 €, 10 min) et De Panne (7,40 €, 1 heure ; changement à Lichtervelde). Le tram côtier est connecté à ces gares, directement ou par bus.

DE STRIEP *BD*

☎ 050 33 71 12 ; Katelijnestraat 42 ; 🕓 10h-12h30 et 13h30-19h mar-sam, 14h-18h dim

Dénichez les superbes guides illustrés de Thibaut Vandorselaer dans cette boutique de BD haute en couleur. Large choix d'ouvrages en flamand et français.

ROMBAUX *Musique*

☎ 050 33 25 75 ; Mallebergplaats 13 ; 🕓 14h-18h30 lun, 10h-12h30 et 14h-18h30 mar-ven, 10h-18h sam

Depuis 1920, cette grande boutique familiale est spécialiste de musique classique, jazz, musiques du monde, musiques traditionnelles et musique flamande. On y perd facilement la notion du temps.

'T APOSTOLIENTJE *Dentelle*

☎ 050 33 78 60 ; Balstraat 11 ;
9h30-18h lun-sam et 10h-13h dim

Les vêtements et cadeaux de cette jolie boutique sont fabriqués à partir de belles dentelles authentiques, par une femme et ses deux filles. Le mari de l'une des filles fabrique les bobines en bois. Voir aussi l'encadré ci-contre.

TINTIN SHOP
BD et cadeaux

☎ 050 33 42 92 ; Steenstraat 3 ;
9h30-18h lun-sam, 11h-18h dim

Les étagères de cette boutique croulent sous d'innombrables puzzles, DVD, figurines, T-shirts, albums et autres pièces à l'effigie du célèbre reporter, qui raviront tous les tintinophiles.

SE RESTAURER

Les habitants vous préviendront rapidement : les restaurants de la Grand-Place s'adressent essentiellement aux touristes, aussi est-il prudent de vérifier l'addition de près. Pour un dîner plus authentique, éloignez-vous un peu du Markt. Vous pouvez aussi acheter des frites dans l'une des deux baraques (*frietkotjes*) et choisir un banc confortable sur la place.

La plupart des restaurants de Bruges ferment entre les service du midi et du soir, mais il existe un bon choix d'établissements spécialisés dans les moules à prix raisonnables (voir aussi p. 95) autour de la place 't Zand.

BAR CHOC *Café* €€

☎ 050 61 15 44 ; www.bar-c.be ; Zilverpand 9 ; 11h-20h30

Niché dans la cour du centre commercial Zilverpand, ce café moderne est un temple du chocolat : fondue au chocolat, crêpes au chocolat, lapin à la bière et au chocolat ainsi que 44 boissons chaudes ou froides à

FINE DENTELLE

Aujourd'hui, la majorité de la dentelle (*kant* en flamand) vendue à Bruges est fabriquée à la machine à Taiwan. Pourtant, l'art des dentelières est intimement lié à la cité depuis l'époque où Charles V la faisait enseigner dans les couvents. La "dentelle duchesse", ou "dentelle aux fuseaux" (*kloskant*), serait née ici au Moyen Âge. Le **Kantcentrum** (p. 106) permet d'admirer le délicat travail des dentellières qui reproduisent des motifs vieux de plusieurs générations. Pour une garantie d'authenticité, faites vos achats chez **'t Apostolientje** (ci-contre).

Les marchés, toute une atmosphère !

LES MARCHÉS DE BRUGES

Les places et les squares de la ville offrent un cadre pittoresque aux innombrables marchés. Le mercredi matin, un arc-en-ciel de fleurs et de produits frais envahit la Grand-Place. Le samedi matin, les marchandises sont déballées autour de la place 't Zand : produits alimentaires, vêtements, paniers et articles pour la maison. Le samedi matin, sur la place de la Bourse (Beursplein), les vendeurs proposent lapins et poulets vivants, fleurs et autres victuailles. Depuis des siècles, du mardi au samedi matin, les produits de la mer du Nord sont proposés sur les étals des poissonniers, sur le Vismarkt entouré de colonnades ; l'occasion de déguster des *maatjes* (filets de hareng). Les samedi et dimanche matin, le Vismarkt accueille une grande brocante.

base de véritable chocolat.
En hiver, le chocolat chaud au gingembre accompagné de pain d'épices maison est un pur délice.

CAFÉDRAAL
Poisson et fruits de mer €€

☎ 050 34 08 45 ; www.cafedraal.be ; Zilverstraat 38 ; 🕓 12h-15h et 18h-23h lun-sam
Traversez le porche en pierre et découvrez ce bistrot branché mais convivial, où les salles colorées sont prises d'assaut par les amateurs de bouillabaisse.

CHAGALL *Flamand* €€

☎ 050 33 61 12 ; St-Amandsstraat 40 ; 🕓 fermé mer
Les banquettes à carreaux, les bougies, les étagères envahies de bibelots et le piano droit confèrent à cet établissement une ambiance familiale. Les produits de la mer, en particulier l'anguille sous toutes ses formes, sont les spécialités maison mais on sert aussi de la viande. Bon rapport qualité/prix pour les menus de 2 ou 3 plats.

DA VINCI *Glacier* €

☎ 050 33 36 50 ; Geldmuntstraat 34 ; 🕓 fermé mi-nov à fév
Il est bien difficile de se décider entre les 40 délicieux parfums de glaces artisanales. Heureusement, on vous aidera en vous offrant de petits échantillons pour goûter. Une boule coûte 1,20 € ; au plus fort de l'été, ce glacier reste ouvert jusqu'à 23h.

DE BRON *Végétarien* €

☎ 050 33 45 26 ; Katelijnestraat 82 ; 🕓 12h-14h mar-dim ; V
La queue se forme dès l'ouverture de ce restaurant au toit vitré, où l'on vient déguster des plats végétariens directement *de bron* (à la source). Les portions sont petites, moyennes ou grandes et les soupes sont délicieuses (celle à la citrouille est un régal). Plats végétaliens à la demande.

DE KARMELIET

Gastronomique €€€

☎ 050 33 82 59 ; www.dekarmeliet.be ; Langestraat 19 ; 12h-14h et 19h-21h30 mar-sam, 12h-14h dim

Le chef Geert Van Hecke a été récompensé par trois étoiles au Michelin pour ses créations sophistiquées comme les huîtres de Zeeland, les œufs de caille pochés ou la mousseline de pommes de terre. Le cadre est un peu austère mais le contenu de l'assiette compense largement. À midi, les tarifs sont raisonnables et Van Hecke est sur le point d'ouvrir un bistrot meilleur marché. Réservez bien à l'avance, surtout le week-end.

DE STOVE *Belge* €€

☎ 050 33 78 35 ; Kleine St-Amandsstraat 4 ; déj sam-mar, dîner ven-mar sur réservation

Une adresse intimiste où l'on ne compte que 20 places. Le poisson frais est à l'honneur mais la carte qui évolue chaque mois comporte aussi des plats de viande comme le filet de sanglier aux pleurotes. Absolument tout est fait maison, du pain aux crèmes glacées.

DEN DYVER *Belge* €€€

☎ 050 33 60 69 ; www.dyver.be ; Dijver 5 ; 12h-14h et 18h30-21h ven-mar, 18h30-21h jeu

Dans cet élégant restaurant, chaque plat est accompagné d'une bière spécifique et le précieux nectar compte également au nombre des ingrédients. Un exemple savoureux : lièvre aux navets et raviolis aux canneberges cuits dans l'Oude Gueuze et servis avec de la Petrus Winterbier. La carte évolue au gré des saisons et les 3, 4 ou 5 plats des menus sont accompagnés de bières différentes. Il y a également du vin, mais on ne vient pas ici pour cela.

GRAN KAFFEE DE PASSAGE

Bistrot €

☎ 050 34 02 32 ; www.passagebruges.com ; Dweersstraat 26-28 ; 18h-23h

Avec son mélange d'habitués et de voyageurs logeant à l'hôtel voisin du Passage, ce bistrot Art déco éclairé à la bougie est l'un des plus plaisants de la ville et jouit d'une ambiance alternative. Les plats traditionnels comme le *stoverij* (viande à la bière) ou plus novateurs à base de tofu sont roboratifs et très économiques.

NIEUW MUSEUM

Flamand €€

☎ 050 33 12 80 ; Hooistraat 42 ; 11h-14h30 et 17h30-tard mer-lun, 11h-14h30 mar

Cet établissement familial prisé des habitants doit son nom à la collection de plaques de brasserie, de tirelires et d'objets de bar qui ornent les murs, comme dans un musée. À midi, il y a 5 sortes de *dagschotel* (plat du jour, 7 à 17,50 €), et le soir des viandes savoureuses sont cuites dans la cheminée du XVIIe siècle.

TOUS PARIS *Épicerie* €

☎ 050 33 79 02 ; Zuidzandstraat 31 ;
fermé mer-jeu

Si vous êtes las des gaufres et des frites, cette épicerie fine est une bonne alternative avec ses salades fraîches, ses quiches et ses sandwichs préparés à la demande dans du pain blanc ou complet.

PRENDRE UN VERRE

Bruges ne manque pas de bars où l'on peut déguster les meilleures bières belges. Voir p. 114 pour les établissements accueillant des concerts et/ou des DJ.

BRUGS BEERTJE *Bar à bière*

☎ 050 33 96 16 ; Kemelstraat 5 ;
16h-1h jeu-lun

Célèbre à Bruges, en Belgique et par-delà les frontières pour ses centaines de bières belges, ce beau café brun est décoré d'anciennes affiches publicitaires. Certains habitués font entièrement partie du décor.

CAFÉ VLISSINGHE *Pub*

☎ 050 34 37 37 ;
Blekersstraat 2 ;
11h-0h mer-sam, 11h-19h dim

Depuis son ouverture en 1515, le plus ancien pub de Bruges a toujours attiré les célébrités. L'intérieur est magnifiquement conservé. En été, il vaut mieux s'installer dans le jardin ombragé pour faire une partie de pétanque entre deux bières.

CAMBRINUS *Bar à bière*

☎ 050 33 23 28 ;
www.cambrinus.eu ; hilipstockstraat 19 ;
11h-23h dim-jeu, 11h-tard ven-sam

Grignotez des en-cas belges ou italiens ou choisissez une formule déjeuner ou dîner (bon rapport qualité/prix) pour accompagner les centaines de variétés de bières servies dans cette brasserie du XVIIe siècle, agrémentée de sculptures.

DE GARRE *Bar à bière*

☎ 050 34 10 29 ; Garre 1 ;
12h-1h

Cette minuscule brasserie attire les foules pour sa délicieuse bière Tripel de Garre. Elle est cachée dans un étroit cul-de-sac entre la Grand-Place et le Burg et a la réputation d'être difficile à trouver ; repérez l'entrée sur le côté du bâtiment.

DE REPUBLIEK *Bar, restaurant*

050 34 02 29 ; St-Jakobsstraat 36 ; 11h-tard

Organisé autour d'une cour, ce vaste établissement animé est très apprécié des Brugeois. Il partage un espace plaisant avec le cinéma d'art et essai Lumière (ci-contre). Les DJ chauffent l'ambiance chaque vendredi et samedi soir ; grand choix de plats, notamment végétariens, à prix raisonnables et servis jusqu'à minuit.

L'ESTAMINET *Pub*

050 33 09 16 ; Park 5 ; 11h30-tard mar-sam, 16h-tard dim, fermé lun

Avec ses grosses poutres en bois sombre, ses lumières tamisées, sa fabuleuse bande son jazz et son atmosphère conviviale, ce café de quartier ne semble pas avoir changé d'un iota depuis son ouverture en 1900. On y vient avant tout pour boire un verre, mais il est également possible de déguster des spaghettis bolognaise gratinés au fromage. En été, les habitués migrent vers la terrasse.

'T POATERSGAT *Bar à bière*

Vlamingstraat 82 ; 17h-tard

Repérez l'ouverture dans le mur et descendez les escaliers jusqu'à cette cave au plafond voûté en croix, éclairée de sobres lumières blanches et de bougies. Ouvert en 2007, 't Poatersgat (ce qui signifie "le trou du moine" dans le dialecte local) propose 120 bières belges dont un excellent choix de bières trappistes

SORTIR

Le centre historique de Bruges est résidentiel et de fait il n'y a pas de discothèques en ville.
La vie nocturne se concentre donc dans les bars et les cafés tandis que les événements culturels se succèdent au fil des semaines.

CACTUS MUZIEKCENTRUM *Concerts*

050 33 20 14 ; www.cactusmusic.be, en flamand ; Magdalenastraat 27

Ce petit établissement est l'adresse phare de Bruges pour la musique contemporaine et les musiques du monde. Des groupes et des DJ y sont régulièrement reçus et on y organise des festivals, entre autres le **Cactus Music Festival** (www.cactusfestival.be), qui se tient en juillet dans le parc Minnewater, à l'extrémité sud de la ville.

CINEMA LUMIÈRE *Cinéma*

050 34 34 65 ; www.lumiere.be ; St-Jakobsstraat 36

À quelques pâtés de maisons de la Grand-Place, ce cinéma d'art et essai programme d'excellents films étrangers en VO et accueille le festival Cinema Novo (p. 26).

Bienvenue dans le XXIe siècle avec le Concertgebouw de Bruges

CONCERTGEBOUW

Salle de concert

050 47 69 99 ; www.concertgebouw.be ; 't Zand 34

Cette étonnante salle de concert contemporaine est l'œuvre des architectes Paul Robbrecht et Hilde Daem, qui se sont inspirés des trois célèbres tours de la ville et de la brique rouge. La scène accueille régulièrement du théâtre, de la musique classique et de la danse. L'office du tourisme se situe au niveau de la rue.

DU PHARE *Concerts*

050 34 35 90 ; www.duphare.be ; Sasplein 2 ; cuisine 11h30-15h et 18h-24h, bar 11h30-tard, fermé mar

Nichée dans les vestiges d'une des anciennes portes de Bruges, cette taverne méconnue sert d'énormes portions de couscous et offre gracieusement le pain, ce qui est très rare en Belgique. Du Phare est réputé pour ses concerts de blues/jazz – consultez le site Internet pour la programmation. Le bus n°4 s'arrête devant.

JOEY'S CAFÉ *Concerts*

050 34 12 64 ; Zuidzandstraat 16A ; 11h30-tard lun-sam

Le propriétaire, Stevie, joue dans le groupe brugeois Cajun Moon et par conséquent, ce bar sombre et intimiste attire une foule de musiciens. Il y a parfois des concerts (appelez pour le programme) ; le reste du temps, détendez-vous en sirotant un cocktail maison.

RETSIN'S LUCIFERNUM *Concerts*

Twijnstraat 6-8 ; 21h-2h sam
Derrière la porte de cette maison privée (il faut sonner) se dissimule un bar d'un autre monde : éclairage à la bougie, puissants cocktails au rhum et musiques latines en live. Arrivez tôt pour ne pas rester à la porte.

WIJNBAR EST *Jazz*

050 33 38 39 ; Noordzandstraat 34 ; 17h-tard jeu-lun
Ce bar à vin est particulièrement animé le dimanche soir à partir de 19h30 lorsqu'il accueille des concerts de jazz, de blues et parfois d'autres styles de musique.

> ANVERS

Les façades typiques de la Grand-Place d'Anvers

>ANVERS

Tout à la fois jolie, branchée et humble, Anvers (Antwerpen en flamand) est dans le peloton de tête des villes européennes du XXIe siècle.

Mêlant des éléments d'architecture médiévale, Art nouveau et contemporaine, la deuxième ville de Belgique est assez compacte pour être découverte à pied tout en se déclinant en quartiers bien différents. Le Meir, principale rue commerçante et piétonnière, relie le quartier des diamantaires et la gare centrale à la ville historique, organisée autour de

ANVERS

VOIR

- Zoo d'Anvers ... 1 H4
- Aquatopia ... 2 H4
- Fontaine Brabo ... 3 B3
- De Zwarte Panter ... 4 B4
- Diamantmuseum ... 5 H4
- Diamondland ... 6 G5
- FotoMuseum ... 7 G2
- Koninklijk Museum voor Schone Kunsten ... 8 H2
- Mode Museum (MoMu) ... 9 B5
- ModeNatie ... (voir 9)
- Museum Mayer Van Den Bergh ... 10 D5
- Museum Plantin-Moretus ... 11 B4
- Museum van Hedendaagse Kunst Antwerpen (MuHKA) ... 12 G1
- Nationaal Scheepvaart-museum Steen ... 13 B2
- Onze Lieve Vrouwe-kathedraal ... 14 C3
- Rockoxhuis ... 15 D3
- Rubenshuis ... 16 E4
- St-Carolus Borromeuskerk ... 17 D3
- St-Jacobskerk ... 18 E3
- St-Pauluskerk ... 19 C2

SHOPPING

- Ann Demeulemeester ... 20 H2
- Burie ... 21 D4
- Coccodrillo ... 22 D5
- Copyright ... 23 B5
- De Vagant Slijterij ... 24 B4
- Del Rey ... 25 G5
- Fish & Chips ... 26 C5
- Het Modepaleis ... 27 C4
- Huis a Boon ... 28 D4
- Mekanik Strip ... 29 F3
- Rommelmarkt ... 30 B4
- Stadsfeestzaal ... 31 F4
- Véronique Branquinho ... 32 B5
- Vogelmarkt ... 33 E6
- Vrijdagmarkt ... 34 B4
- Walter ... 35 B5

SE RESTAURER

- Berlin ... 36 C5
- Da Vinci ... 37 H2
- Dansing Chocola ... 38 A6
- De Kleine Zavel ... 39 B4
- Frituur No 1 ... 40 B3
- Gin Fish ... 41 B3
- Grand Café Horta ... 42 E5
- Hoffy's ... 43 H6
- Hungry Henrietta ... 44 C4
- Lombardia ... 45 C5
- Pasta ... 46 B3
- Pottenbrug ... 47 D2
- Sir Anthony Van Dijck ... 48 B3

PRENDRE UN VERRE

- Bar Tabac ... 49 G2
- Bierhuis Kulminator ... 50 C6
- Café Beveren ... 51 A3
- De Nieuwe Linde ... 52 G3
- De Vagant ... 53 B4
- Elfde Gebod ... 54 C3
- King Kong Bar ... 55 H2
- Paeters Vaetje ... 56 C3
- Pelgrom ... 57 B3
- Popi Café ... 58 A4
- 't Waagstuk ... 59 D2
- Theo ... 60 B5

SORTIR

- Buster ... 61 C3
- Café d'Anvers ... 62 C1
- Café Hopper ... 63 H2
- Café Local ... 64 G2
- Cartoons ... 65 B3
- De Muze ... 66 C3
- Koningin Elisabethzaal 67 H4
- Red & Blue ... 68 C1
- Stereo Sushi ... 69 G2
- Vlaamse Opera ... 70 G4

Voir carte page suivante

la Grand-Place (Grote Markt). Juste à l'ouest de la Grand-Place, les stylistes locaux ont investi le quartier de la mode tandis que non loin, la vie culturelle et nocturne bat son plein dans le dynamique quartier du Zuid (Sud). Enfin, le quartier des docks d'Eilandje, du XIXe siècle, tend à s'embourgeoiser.

Anvers a toujours été un foyer de créativité. Elle a accueilli l'atelier de Rubens au début des années 1600 et a la réputation, aujourd'hui, d'être un baromètre de la mode. Ce sens de l'esthétisme est visible dans une foule de détails, des lumières de la ville aux clubs branchés ou cafés discrets.

VOIR

Certains billets permettent de combiner plusieurs visites ; renseignez-vous dans les sites et les musées. Les églises, qui renferment d'extraordinaires œuvres d'art, sont fermées au public lors des services religieux.

ZOO D'ANVERS

03 202 45 40 ; www.zooantwerpen.be ; Koningin Astridplein 26 ; 16/10,90 €/gratuit ; 10h-19h juil-août, 10h-18h mai-juin et sept, 10h-17h30 mars-avr et oct, 10h-16h45 nov-fév ;

Ce zoo, réputé le plus ancien du monde, héberge près de 6 000 animaux, dont des espèces menacées comme le paon du Congo. Il se double d'un planétarium et on y mène aussi des programmes de recherches.

AQUATOPIA

03 205 07 40 ; www.aquatopia.be ; Koningin Astridplein 7 ; 13,95/9,50 € ; 10h-18h

Idéal pour distraire les enfants un jour de pluie, ce beau parc d'attraction aquatique renferme 10 000 poissons, un million de litres d'eau et une foule d'activités pratiques. Dernière entrée à 17h.

DE ZWARTE PANTER

03 233 13 45 ; www.artsite.be/zwartepanter, en flamand ; Hoogstraat 70-74 ; prix variables ; 13h30-18h jeu-dim et sur rdv

Créée dans l'euphorie de 1968, la galerie "Panthère Noire" redéfinit continuellement l'art contemporain au fil de ses expositions.

DIAMANTMUSEUM

03 202 48 90 ; www.diamantmuseum.be ; Koningin Astridplein 19-23 ; 6/4 €/gratuit ; 10h-17h30 jeu-mar ;

Prévoyez la visite du musée du Diamant un jour de semaine, afin d'assister à une démonstration de taille de diamant. Profitez d'un historique de l'industrie diamantaire et admirez les jeans cloutés de

A
B
C
D
1
2
3
4
5
6
0
200 m
Vers le Koninklijk Ballet Van Vlaanderen (500 m)
Vers le Museum aan De Stroom (100 m)
G-Beliardstr
68
62
Verversrui
Lange Schipperskapelstr
St-Paulusplaats
Oude Manstr
'T SCHIPPERSKWARTIER
Keistr
St-Paulusstr
Dries
Klapdorp
Huikstraat
Lange Noordstr
Stadswaag
59
Gorterstr
Nosestr
19
Mutsaertstr
Scheldt
Noorderterras
Jordaenskaai
Veemarkt
Zwartzustersstr
Minderbroedersrui
Kl Goddaert
Stoelstr
Zirkstr
Minderbroedersstr
Blindenst
13
Palingburg
Steenplein
Freewieler
Kuiperstr
Doornikstr
Hofstr
Lange Koepoortstr
Jeruzalemstr
47
Grote Goddaert
Flandria
Tourism Antwerp
Wisselstr
Oudd Beurs
2Zones
Keizerstr
15
65
Kaasstr
Wolstr
Gildekamerstr
3
Grote Markt
61
Kaasrui
Wijngaardstr
Hendrik Conscienceplein
17
Suikerrui
56
54
Tunnel du tramway
Ernest Van Dijckkaai
Grote Pieter Potstr
Haarstr
41
40
Blauwmoezelstr
Oude Koornmarkt
Handschoenmarkt
14
Onze Lieve Vrouwekathedraal
Melkmarkt
Korte Nieuwstr
66
Borzestr
Zuiderterras
48
46
Hoogstr
Vleminckstr
51
Vlasmarkt
57
Reyndersstr
Zand
24
53
Groenplaats
Fnac
Sudermanstr
St Katelijnevest
Korte Klarenst
Tunnel Sainte-Anne
P
39
Stoofstr
Heilige Geeststr
Eiermarkt
Beddenstr
St Jansvliet
30
4
Groen Kerkhofstr
Groenplaats
Schoenmarkt
Meir
Meir
11
Vrijdagmarkt
27
Poste principale
28
34
Steenhouwersvest
Plantinkaai
58
Scheldeken
Oever
Leeuwenstr
44
Wiegstr
Schrijnwerkerstr
Groendalstr
Lombardenvest
21
Huidevettersstr
45
Drukkerijstr
9
23
Kte Gasthuisstr
Jodenst
Muntstr
Kloosterstr
60
26
Lombardenstr
22
Augustijnenstr
Kammenstr
Everdijstr
Schuttershof
St-Michielskaai
ST-ANDRIES
St-Michielsstr
Nationalestr
Sleutelstr
Komedieplaats
Kelde
St-Andriesstr
Oudaan
36
Lange Riddersstr
St-Antoniusstr
35
10
Kleine Markt
Arsenaalstr
Pompstr
Happaertstr
Vlierstr
32
Vers la discothèque Petrol (1,9 km)
St-Andriesplaats
Steenbergstr
Schoytestr
Vleminckveld
50
Lange Gasthuisstr
Aalmoezenierstr
Prekersstr
Rosier
Riemstr
38
Bredestr
Voir encart
Kruidtuin
Vers Lucy Chang (200 m) et le palais de justice
Vers deSingel (1,9 km)

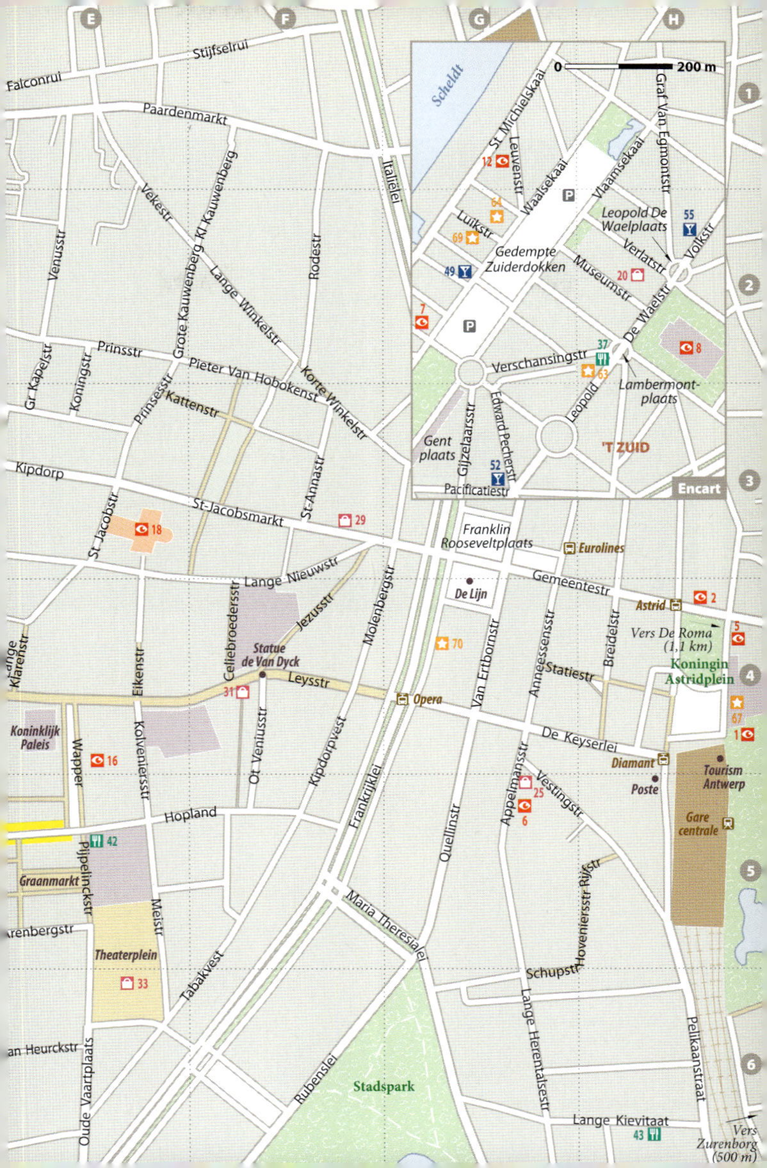
E
F
G
H
1
2
3
4
5
6
Falconrui
Stijfselrui
Paardenmarkt
Italiëlei
Vekestr
Kl Kauwenberg
Grote Kauwenberg
Lange Winkelstr
Rodestr
Venusstr
Prinsstr
Pieter Van Hobokenst
Korte Winkelstr
Gr Kapelstr
Koningstr
Prinsesstr
Kattenstr
Kipdorp
St-Annastr
St-Jacobsmarkt
29
St Jacobstr
18
Lange Nieuwstr
Jezusstr
Molenbergstr
Celliebroedersstr
Statue de Van Dyck
Leysstr
31
Lange Klarenstr
Eikenstr
Koninklijk Paleis
16
Wapper
Kolveniersstr
Ot Veniusstr
Kipdorpvest
Frankrijklei
Hopland
42
Pijpelinckstr
Graanmarkt
Meistr
renbergstr
Theaterplein
33
Tabakvest
an Heurckstr
Oude Vaartplaats
Rubenslei
Stadspark
Maria Theresialei
Franklin Rooseveltplaats
De Lijn
70
Opera
Van Ertbornstr
Quellinstr
Eurolines
Gemeentestr
Anneessensstr
Breidelstr
Statiestr
Astrid
2
Vers De Roma (1,1 km)
5
Koningin Astridplein
67
1
De Keyserlei
Diamant
Poste
Tourism Antwerp
Gare centrale
Appelmansstr
Vestingstr
25
6
Hoveniersstr
Rijfstr
Schupstr
Lange Herentalsestr
Pelikaanstraat
Lange Kievitaat
43
Vers Zurenborg (500 m)
0
200 m
Schelde
St Michielskaai
Leuvenstr
12
Waalsekaai
Graf Van Egmontstr
Vlaamsekaai
P
64
Luikstr
69
Leopold De Waelplaats
55
Verlatstr
Volkstr
Gedempte Zuiderdokken
49
Museumstr
20
De Waelstr
7
P
37
8
Verschansingstr
63
Leopold
Lambermont-plaats
Gent plaats
Gijzelaarsstr
Edward Pecherstr
'T ZUID
52
Pacificatiestr
Encart

IDÉE BALADE – ZURENBORG

Pour admirer les plus beaux exemples d'Art nouveau à Anvers, grimpez à bord des tramways n°8 ou 11, ou marchez 30 minutes depuis la gare centrale (Centraal Station) jusqu'au paisible quartier résidentiel de Zurenborg, au sud-est de la ville. Si aucun des immeubles Art nouveau n'est ouvert au public, les façades flamboyantes le long de Cogels-Osylei et des rues adjacentes sont particulièrement belles à regarder. Des descriptions détaillées des architectures les plus intéressantes figurent dans les brochures distribuées à l'office du tourisme, *Promenade Zurenborg* (1,50 €) et *12 Aventures à Anvers* (3,50€) ; vous n'aurez aucune difficulté pour identifier les immeubles grâce aux toitures sophistiquées, aux balcons en fer forgé, aux vitraux ou aux mosaïques. Construits pour la plupart entre 1894 et 1914, ces chefs-d'œuvre échappèrent à la démolition dans les années 1960 suite aux protestations de la communauté internationale et à la mobilisation de nombreux artistes belges et étrangers. Les rues apparaissant en couleur sur la carte ci-dessous recèlent des trésors du patrimoine.

Après votre balade, dirigez-vous vers l'un des cafés et restaurants pittoresques et bon marché qui bordent le square Dageraadplaats, où vous goûterez les meilleures frites de Belgique (elles sont coupées à la main et cuites à l'huile de palme), ainsi que des spécialités marocaines et orientales comme les falafels épicés dans un petit bar branché, le **Frituur 't Spieke** (☎ 03 218 71 69 ; Klein Beerstraat 18 ; 11h30-24h).

joyaux et autres pièces tape-à-l'œil. Un "parcours tactile" est proposé aux visiteurs malvoyants.

DIAMONDLAND

03 229 29 90 ; www.diamondland.be ; Appelmansstraat 33a ; gratuit ; 9h30-17h30 lun-sam toute l'année et 10h-17h dim avr-oct

Acheter un diamant n'est pas prévu dans votre budget ? À défaut, assistez au travail de taille et de montage (à 11h les jours d'ouverture) dans ce vaste espace d'exposition de 1 000 m². Ce point de vente est certifié par l'**Antwerp Diamond Jewellers Association** (ADJA ; www.adja.be), chargée des contrôles de qualité.

FOTOMUSEUM

03 242 93 00 ; www.fotomuseum.be, en flamand ; Waalsekaai 47; 6/4 € ; 10h-18h mar-dim ;

Le point d'orgue de l'excellent musée de la Photographie est la salle multimédia où la photo est mise en relation avec la vidéo et les nouvelles technologies. Le restaurant et le magnifique café tout en noir et blanc ouvrent jusqu'à 22h.

KONINKLIJK MUSEUM VOOR SCHONE KUNSTEN (KMSKA)

03 238 78 09 ; www.kmska.be ; Leopold De Waelplaats ; 6/4 €/gratuit ; 10h-17h mar-sam, 10h-18h dim ;

Jan Van Eyck, les Bruegel, Rubens, Van Dyck, Magritte et Delvaux comptent parmi les maîtres dont les œuvres sont joliment exposées sur des murs tendus de pourpre au musée royal des Beaux-Arts d'Anvers.

MODEMUSEUM (MOMU)

03 470 27 70 ; www.momu.be ; Nationalestraat 28 ; 7/5 €/gratuit ; 10h-18h mar-mer et ven-dim, 10h-21h jeu ;

Le musée de la Mode (ou MoMu) partage le lumineux édifice contemporain du **ModeNatie** (www.modenatie.com) avec le Flanders Fashion Institute et le département mode de l'Académie royale des Beaux-Arts. Deux grandes expositions thématiques par an.

TERRE COMMUNE

Le site Internet de **Pot-aarde** (Terre commune ; www.potaarde.be/redactie) est illustré d'originales perspectives d'Anvers, réalisées par des photographes participant au projet homonyme. Chaque semaine, ce groupe d'artistes talentueux consacre une mission d'une journée à un thème précis, par exemple *onder een brug* (sous le pont) ou *leef nu* (vivre aujourd'hui). Au final, ces images hétéroclites permettent de brosser un portrait social de la ville tout en révélant ses facettes méconnues.

Panoplie chic au musée de la Mode (p. 123)

MUSEUM MAYER VAN DEN BERGH

☎ 03 232 42 37 ; http://museum.antwerpen.be/mayervandenbergh ; Lange Gasthuisstraat 19 ; 4/3 €/gratuit ; 10h-17h mar-dim

Ce somptueux musée, installé dans une maison de ville de 1904 inspirée du XVIe siècle, renferme une incroyable collection de plus de 3 000 pièces réunies par le collectionneur Fritz Mayer Van Den Bergh. Les œuvres de Bruegel l'Ancien, des primitifs flamands ou les sculptures du gothique tardif sont présentées dans des salles intimes.

MUSEUM PLANTIN-MORETUS

☎ 03 21 14 50 ; http://museum.antwerpen.be/plantin_mortus ; Vrijdagmarkt 22-23 ; 6/4 €/gratuit ; 10h-17h mar-dim ;

Les plus anciennes presses d'imprimerie du monde (classées au patrimoine de l'Unesco) et les livres rares (notamment une Bible de Gutenberg) brossent un portrait complet du monde de l'édition du XVe au XVIIIe siècle. En outre, des tapisseries originales et des objets d'art décoratif, sans oublier les murs habillés de cuir, permettent d'imaginer le cadre de vie des grands imprimeurs. Le rez-de-chaussée est accessible aux personnes en fauteuil roulant.

MUSEUM VAN HEDENDAAGSE KUNST ANTWERPEN (MUHKA)

03 260 99 99 ; www.muhka.be ; Leuvenstraat 32 ; 5/3 €/gratuit ; 10h-17h mar-dim ;

Provocatrices voire choquantes, les œuvres d'art contemporain des années 1970 à nos jours sont installées dans cet ancien silo à grains du Zuid. Outre les collections permanentes, le musée présente quatre grandes expositions par an, avec des artistes belges et internationaux.

UN NOUVEAU PALAIS

L'ouvrage architectural le plus saisissant de la ville est le **Justitiepaleis** (palais de justice ; Bolivarplaats), qui a ouvert ses portes en 2005 sur la place 't Zuid. Rapidement surnommé le *frietzak* ("cornet de frites") en raison de son toit en verre triangulaire et asymétrique, il est l'œuvre de l'architecte britannique Richard Rogers, créateur du Centre Georges-Pompidou à Paris.

NATIONAAL SCHEEPVAARTMUSEUM STEEN (MUSÉE DE LA MARINE)

03 201 93 40; http://museum.antwerpen.be/scheepvaartmuseum ; Steenplein 1; 4/3 €/gratuit ; 10h-17h mar-dim ;

Le musée national de la Marine est installé dans une imposante fortification, le **Steen** (1200). Découvrez des maquettes de navires, des instruments de navigation et divers objets liés à la mer.

À l'extérieur, des bateaux anciens, notamment une barge des années 1920 souvent utilisée comme salle d'exposition, sont amarrés dans le "parc maritime". Le rez-de-chaussée et le 1er étage du Steen, ainsi que le parc maritime, sont accessibles aux fauteuils roulants.

ONZE LIEVE VROUWEKATHEDRAAL (CATHÉDRALE NOTRE-DAME)

Handschoenmarkt ; 10h-17h lun-ven, 10h-15h sam, 13h-16h dim ;

Le joyau du centre historique d'Anvers est la cathédrale Notre-Dame, la plus grande et la plus raffinée des églises gothiques du pays. Sa flèche en pierre dentelée de 123 m de haut est visible partout en ville. Construit entre 1352 et 1521, l'intérieur est essentiellement baroque et renferme quatre tableaux de Rubens : l'*Assomption de la Vierge*, l'*Élévation de la Croix*, la *Résurrection* et la *Descente de Croix*, sans doute l'œuvre la plus célèbre du peintre.

ROCKOXHUIS

☎ 03 201 92 50 ; www.rockoxhuis.be ; Keizerstraat 10-12 ; 2,50/1,25€/gratuit ; 10h-17h mar-dim ;
La résidence de Nicolaas Rockox, ancien maire d'Anvers, a été reconvertie en musée consacré au XVIIe siècle. Les grands maîtres répondent à l'appel, notamment Van Dyck, Bruegel le Jeune et Rubens, l'ami de Rockox.

RUBENSHUIS

☎ 03 201 15 55 ; http://museum.antwerpen.be/rubenshuis ; Wapper 9-11 ; 6/4 €/gratuit ; 10h-17h mar-dim ;

DU NEUF SUR LES QUAIS

Actuellement en construction au nord du centre-ville, le **Museum aan de Stroom** (MAS ; ☎ 03 206 09 40 ; Hanze Stedenplaats) est la pierre angulaire du projet d'aménagement des quais du XIXe siècle dans le quartier d'**Eilandje** ("petite île" ; www.eilandje.be, en flamand). Imaginé comme une tour en forme de spirale, le MAS deviendra le musée historique de la ville. Des appartements de standing sont également en chantier sur les docks, ce qui entraîne l'apparition de bars, cafés et autres lieux de sortie. Informez-vous auprès de l'office du tourisme.

La maison de Pierre Paul Rubens (1577-1640), soigneusement restaurée, a quelque chose d'un palace italien ; la cour intérieure est flanquée d'un portique baroque menant aux jardins Renaissance dessinés par le peintre. Dix de ses œuvres sont exposées, notamment son *Autoportrait* et *Adam et Ève au Paradis*. Les jardins et le rez-de-chaussée sont accessibles aux fauteuils roulants.

ST-CAROLUS BORROMEUSKERK

☎ 03 231 37 51 ; Hendrik Conscienceplein 6 ; gratuit ; 10h-12h30 et 14-17h lun-ven, 10h-12h30 et 14h-19h sam ;
Nichée dans un square adorable, cette belle église baroque fut achevée en 1621. Rubens conçut la façade, la tour et les sculptures décoratives, mais au XVIIIe siècle, un incendie détruisit des dizaines de peintures réalisées par le peintre.

ST-JACOBSKERK

☎ 03 232 10 32 ; Lange Nieuwstraat 73-75 ; 2 €/gratuit ; 14h-17h avr-oct ;
Construite entre 1491 et 1656, cette église de style gothique brabançon constitue la dernière demeure de Rubens. Il peignit la *Madone aux saints* pour orner son tombeau. De près, on reconnaît un portrait de famille, avec Rubens représenté sous les traits

PASSEZ SUR L'AUTRE RIVE
À la recherche d'un beau panorama sur Anvers et d'une balade originale ? Prenez le vieil escalator en bois ou l'ascenseur Art déco et gagnez le **tunnel piétonnier Sainte-Anne**, qui date des années 1930. Ce souterrain de 572 m rejoint la rive ouest de la Scheldt, où un espace vert assez sauvage est parfait pour pique-niquer. En remontant la rive ouest sur 1 km au nord du tunnel, vous arrivez à la plage de Sainte-Anne. Oubliez la baignade (la rivière est boueuse), mais préparez-vous pour les étés d'Anvers (Zomer van Antwerpen, p. 136).

de saint Georges entouré de ses épouses et de son père.

ST-PAULUSKERK

☎ 03 232 32 67 ; Veemarkt 13 ; gratuit ; 14-17h lun-sam ;
Cette église, consacrée en 1571, faisait auparavant partie d'un cloître dominicain ; sa tour baroque ne fut ajoutée qu'en 1679. Comme dans toutes les églises d'Anvers, l'intérieur réserve de belles surprises, avec 50 peintures (dont des œuvres de Rubens et Van Dyck) et 200 sculptures raffinées.

SHOPPING

Anvers est un paradis pour les amateurs de lèche-vitrine et les fashion victimes. Le **Meir**, la principale rue piétonne de la ville, et son prolongement à l'est, la Leysstraat, sont jalonnés de grandes enseignes internationales, tandis que le quartier de la mode (p. 128) accueille de superbes boutiques rétro et des brocanteurs dans Kloosterstraat, à un pâté de maisons de la rivière. Pour les galeries d'art intimistes, les librairies, les CD d'occasion et les boutiques de musique spécialisées, dirigez-vous vers Lange Koepoortstraat et Wolstraat, au nord-ouest de St-Carolus Borromeuskerk. Quantité de boutiques sont répertoriées sur le site www.antwerpshoppingstreets.be.

ANN DEMEULEMEESTER *Mode*

☎ 03 216 01 33 ; Verlatstraat 38 ; 11h-19h lun-sam
Les vêtements monochromes, pour hommes et femmes, de cette pionnière des "Six d'Anvers" (p. 18) sont aussi sobres que sa boutique phare du Zuid.

BURIE *Chocolats*

☎ 03 232 36 88 ; www.chobel.be ; Korte Gasthuisstraat 3 ; 9h30-18h lun-sam
Ce chocolatier historique crée des chocolats de toutes les tailles et de toutes les formes, notamment les "mains d'Anvers" (voir p. 131) et

des diamants chocolatés présentés dans une fantastique vitrine.

COCCODRILLO *Chaussures*

☎ 03 233 20 93 ; Schuttershofstraat 9a ; 11h-18h lun-sam

Une institution ! Cette boutique, bondée le samedi, est l'adresse idéale pour dénicher un modèle de marque internationale ou d'un créateur anversois.

COPYRIGHT *Librairie*

☎ 03 232 94 16 ; Nationalestraat 28a ; 11h-18h30 mar-sam, 11h-17h30 dim

Jouxtant le musée de la Mode (MoMu, p. 123), cette librairie est spécialisée dans les ouvrages sur la mode, l'art et l'architecture, le tout dans un cadre blanc minimaliste.

DEL REY *Chocolats*

☎ 03 470 28 61 ; Appelmansstraat 5-9 ; 9h-18h30 lun-sam, salon de dégustation 10h-18h lun-sam

Si vous ne pouvez résister aux délicieux effluves de chocolat émanant de l'arrière de cette jolie boutique, offrez-vous une dégustation dans le salon adjacent.

DE VAGANT SLIJTERIJ *Genièvre*

☎ 03 233 15 38 ; Reyndersstraat ; 11h-18h lun et mer-sam

Après avoir identifié votre *jenever* (genièvre) préféré dans le bar De Vagant (p. 135), traversez la rue et découvrez plus de 200 variétés vendues dans ce *slijterij* (magasin d'alcool). Les bouteilles aux formes, couleurs et tailles différentes sont alignées comme dans une pharmacie ancienne, l'occasion de rappeler les vertus médicinales du genièvre.

FISH & CHIPS *Mode*

☎ 03 227 08 24 ; www.fishandchips.be ; Kammenstraat 36-38 ; 10h-18h30 lun-sam

LE QUARTIER DE LA MODE

Délimité par le Zuid au sud et le quartier historique au nord, Saint-Andries, le quartier de la mode d'Anvers, continue de lancer de jeunes stylistes novateurs. C'est un terrain idéal pour s'adonner au lèche-vitrine, en particulier dans les rues suivantes (en couleur sur la carte) :

- Nationalestraat et les rues adjacentes – créateurs belges et anversois d'avant-garde
- Kammenstraat – jeunes stylistes indépendants, vêtements rétros et d'occasion, street wear, équipement de skate et de snowboard, piercings et tatouages
- Huidevettersstraat, Komedieplaats et Schuttershofstraat – marques de luxe comme Cartier, Gucci et Louis Vuitton

L'office du tourisme (p. 207) vend une "carte de la mode" (1,50 €) et le guide Promenade de la mode (10 €), avec des portraits détaillés de chaque créateur.

Bart Willems
Styliste

Racontez-nous vos débuts. À 16 ans, j'ai installé des étagères pour Dries Van Noten et Dirk Bikkembergs (p. 18). Leur travail m'a impressionné. Puis j'ai étudié aux Beaux-Arts. **À qui s'adressent vos vêtements ?** Aux hommes et aux enfants. **Un credo ?** Pratique, confortable et drôle. **L'aspect le plus difficile de votre travail ?** Être visionnaire. Au final, mes créations doivent se vendre. Les gens aiment s'inscrire dans une tendance. **Votre cycle de travail annuel ?** Les salons de la mode, pour prendre la température et découvrir les couleurs de la saison. Puis il faut effectuer les achats, fixer formes et longueurs, approfondir les "histoires", approvisionner les fabricants et vérifier les échantillons. **La scission de la Belgique ?** Ce serait une tragédie. La diversité est une chance et il est temps de se lancer dans une ère nouvelle. Ensemble.

Difficile de distinguer les clients des mannequins plus vrais que nature dans ce royaume du *street wear* où des DJ font monter les décibels. À l'étage, le café est idéal pour éplucher des flyers en buvant un jus de fruit frais.

HET MODEPALEIS *Mode*

☎ 03 470 25 10 ; www.driesvannoten.be ; Nationalestraat 16 ; 10h-18h30 lun-sam
Coiffé d'un dôme, cet édifice de 1881 s'élève à l'angle de la rue et mérite le détour au moins pour l'architecture. Il s'agit du "palais de la mode" de Dries Van Noten, l'un des Six d'Anvers.

HUIS A BOON *Mode*

☎ 03 232 33 87 ; Lombardenvest 2-4 ; 10h-18h lun-sam
Dans ce magasin établi depuis 1884, les étagères en hêtre débordent de boîtes en cuir vert d'où les vendeurs sortent toutes sortes de gants raffinés, en cuir souple, chevreau ou autre.

MEKANIK STRIP *BD*

☎ 03 234 23 47 ; St-Jacobsmarkt 73 ; 10h-18h lun-sam
Ce superbe magasin de BD se double d'une petite galerie à l'étage et a lancé les fresques de BD d'Anvers – voir p. 16.

STADSFEESTZAAL *Centre commercial*

Meir 78 ; 10h-19h lun-sam

LES MARCHÉS D'ANVERS

Le plus ancien marché aux puces de la ville, le **Vrijdagmarkt** (6h-11h ven), se tient sur la place du même nom depuis le XVIe siècle. Le dimanche, il est de coutume de flâner dans la brocante de **Rommelmarkt** (St-Jansvliet ; 7h-15h dim), au bord de la rivière. En prévision d'un pique-nique, faites le plein de victuailles dans le plus grand marché alimentaire de la ville, le **Vogelmarkt** (Theaterplein ; 6h-15h sam-dim).

L'architecture néoclassique de cette ancienne salle des fêtes du XIXe siècle est à tomber, en particulier si on l'admire depuis la plate-forme en forme de coupe de champagne sous le toit vitré. Le bâtiment d'origine, détruit par les flammes en 2001, a rouvert en 2007. C'est désormais un centre commercial de luxe qui s'étend du Meir à Hopland, au sud. Les boutiques constituent un bonus mais l'édifice est la véritable star.

VÉRONIQUE BRANQUINHO *Mode*

☎ 03 233 66 16 ; www.veroniquebranquinho.com ; Nationalestraat 73 ; 11h-18h lun-sam
Avec ses coupes classiques pour hommes et femmes, Véronique Branquinho confirme sa réputation de fleuron de la nouvelle génération de stylistes. Le noir,

coupé ça et là d'éclats argent et or, domine dans ses collections.

WALTER *Mode*

03 213 26 44 ; www.waltervanbeirendonck.com ; St Antoniusstraat 12 ; 13h-18h lun, 11h-18h30 mar-sam

Autre figure des Six d'Anvers, Van Beirendonck dirige désormais le département mode de l'Académie royale et continue d'exposer ses insolentes collections masculines dans sa boutique-galerie semblable à un entrepôt.

SE RESTAURER

Comme partout en Belgique, les frites sont omniprésentes à Anvers et la qualité est au rendez-vous. Dans le centre historique, tentez **Frituur No 1** (Hoogstraat 1).

BERLIN *Bistrot* €€

03 227 11 01 ; Kleine Markt 1-3 ; 7h30-1h lun-mer, 10h-3h ven-dim

Victimes de la mode ou étudiants appréciant la connexion Wi-Fi gratuite se bousculent pour les petits-déjeuners, les plats de bistrot ou les bières et cocktails.

DA VINCI *Italien* €€

03 237 41 71 ; Verschansingstraat 1

Dans ce restaurant chic et décontracté, on vient surtout pour les croustillantes pizzas au feu de bois, mais les pâtes sont également savoureuses, notamment celles aux saint-jacques sauce piquante.

DANSING CHOCOLA *Bistrot* €

03 237 19 05 ; Kloosterstraat 159 ; 10h-1h dim-jeu, 10h-14h ven-sam

L'ambiance est plus que détendue dans ce café à l'ancienne : les violonistes jouent la sérénade tandis que les serveurs dansent derrière le bar ou se hissent jusqu'à la mezzanine en fer forgé pour prendre les commandes.

HAUT LES MAINS

Au dire de certains, la ville d'Anvers doit son nom à l'expression néerlandaise *hand werpen* (lancer de main). Selon la légende, un géant nommé Druon Antigoon forçait jadis les capitaines de navire à payer un impôt pour naviguer sur la Scheldt, jusqu'à ce qu'un soldat romain, Silvius Brabo, tranche la main d'Antigoon et s'en débarrasse dans l'eau.

En réalité, le nom de la cité vient plus probablement de la terrasse alluviale (*aanwerp*) sur laquelle fut érigé le Steen (p. 125). Malgré tout, biscuits, chocolats et autres douceurs sont souvent moulés en forme d'*Antwerpse handjes* (mains d'Anvers), tandis que la Grand-Place accueille une fontaine ornée de la statue de Brabo brandissant la main du géant.

Les plats belges ou internationaux (comme une soupe thaïe) sont simples et roboratifs (choisissez les "petites" portions à moins d'être affamé). Mention spéciale pour les frites (3 € la portion). La cuisine ferme à 22h.

DE KLEINE ZAVEL

Poisson et fruits de mer €€€

03 231 96 91 ; Stoofstraat 2 ; 12h-14h dim-ven et 18h-22h dim-jeu, 18h30-22h30 ven-sam

Ce restaurant réputé, qui sait garder la tête froide, marie les saveurs de la Méditerranée au poisson frais (et à quelques plats de viande). Belle carte des vins.

GIN FISH

Poisson et fruits de mer €€€

03 231 32 07 ; Haarstraat ; 18h30-22h mar-sam

Comme il n'y a pas de carte, les clients se rassemblent autour du bar, face à la cuisine ouverte où le chef Didier Garnich réalise des prouesses avec des ingrédients ultra-frais. Célèbre pour avoir renoncé à l'étoile au Michelin obtenue dans son ancien établissement De Matelote, Garnich a obtenu une nouvelle étoile pour le Gin Fish !
Pour une table en week-end, réservez au moins 15 jours à l'avance ; en semaine, vous aurez peut-être une place en appelant le matin même.

GRAND CAFÉ HORTA

Brasserie €€

03 232 28 15 ; Hopland 2 ; 9h-21h mar-dim

Depuis le bar en sous-sol, la façade vitrée offre un beau point de vue sur la rue. Ce café-restaurant est doté d'énormes poutres en fer, vestiges de la Maison du Peuple de Bruxelles (p. 159), le chef-d'œuvre Art nouveau de Victor Horta. Faites une pause le temps d'un verre, d'un en-cas ou d'un repas complet. Le steak-frites est une alternative classique si les plats méditerranéens (risotto d'asperges ou raviolis à la polenta) ne vous tentent pas.

HOFFY'S *Cuisine juive* €€

03 234 35 35 ; Lange Kievitstraat 52 ; 11h-22h dim-jeu, 11h-18h ven, fermé sam

Derrière le comptoir où sont présentées salades, viandes et pâtisseries, découvrez une enfilade de salles carrelées, décorées d'appliques Art déco et de papier peint rose. Prix raisonnables à midi (environ 15 €).

HUNGRY HENRIETTA

Belge €€

03 232 29 28 ; Lombardenvest 19 ; 12h-14h et 18h-21h lun-ven

Les magnats de la mode font affaire en dégustant une bisque de fruits de mer, une raie croustillante aux carpes ou des coquilles Saint-Jacques sur un lit de purée. Installez-vous en terrasse ou dans la salle, où le noir laqué et le béton poli sont à l'honneur. Téléphonez car le restaurant est parfois fermé pendant les vacances scolaires.

KLEINBLATT

Boulangerie €

carte p. 122 ; ☎ 03 226 00 18 ; Provinciestraat 206 ; 6h-18h30 dim-jeu, 6h-16h ven, fermé sam

L'éventail infini de pains et de pâtisseries assure le succès de cette boulangerie depuis 1903. Un petit biscuit coûte 0,60 €, et la qualité est irréprochable.

LOMBARDIA

Biologique €

☎ 03 233 68 19 ; Lombardenvest 78 ; 8h-18h lun-sam

Dans ce bar branché, tout est bio, des tartes aux sandwichs en passant par les innombrables salades ou milk-shakes. En été, arrivez tôt pour obtenir une table à l'ombre sur la terrasse.

LUCY CHANG

Asiatique €€

☎ 03 248 95 60 ; www.lucychang.be ; Marnixplaats 16-17 ; 12h-0h

Que vous soyez en solo, en couple ou avec des amis, on saura vous mettre à l'aise en vous installant au bar ou sur les banquettes. Dans ce restaurant évoquant un marché asiatique, les prix sont raisonnables et la cuisine savoureuse (nouilles frites japonaises, soupe au curry de Malaisie, *pad thaï*, etc.). Près de l'extrémité sud de la Nationalestraat.

PASTA *Italien* €€

☎ 03 213 16 86 ; www.apm-hippo.be ; Oude Koornmarkt 32 ; 11h-tard lun-sam, 18h-tard dim

Hauts plafonds, murs aux couleurs sombres et meubles en bois étincelants : le cadre est classieux et les plats de pâtes, viande ou poisson sont généreusement servis. L'un des meilleurs rapports qualité/prix dans le centre historique.

POTTENBRUG *Bistrot* €€

☎ 03 231 51 47 ; Minderbroedersrui 38 ; 12-14h et 18h-22h lun-ven, 18h-22h sam

Affiches anciennes, tables confortables et jolie terrasse : ce bistrot reste dans la course grâce à des spécialités locales authentiques et savoureuses.

SIR ANTHONY VAN DIJCK

Flamand €€€

☎ 03 231 61 70 ; www.siranthonyvandijck.be ; Oude Koornmarkt 16 ; déj et dîner lun-sam sur réservation

Goûtez le genièvre au café De Vagant

Dissimulé dans une minuscule ruelle pavée, dans un édifice du XVIe siècle, ce restaurant exquis propose l'une des meilleures cuisines flamandes d'Anvers. Notre coup de cœur : les 4 plats du menu gastronomique (45 €).

PRENDRE UN VERRE

BAR TABAC *Bar*

Waalsekaai 43 ;
20h-tard mer-lun
Si ce minuscule bar provençal est fermé, c'est que tous les établissements d'Anvers ont baissé le rideau. Choisissez une table métallique à l'intérieur ou un fauteuil de cinéma en terrasse. Cocktails et DJ pimentent le tout.

BIERHUIS KULMINATOR

Bar à bière

03 232 45 38 ; Vleminckveld 32 ;
20h-tard lun, 11h-tard mar-ven, 17h-tard sam
Sous son plafond habillé de vigne, ce bar encombré propose plus de 750 sortes de bières répertoriées dans une carte interminable où les catégories sont identifiées par un code couleur (certaines bières anciennes datent des années 1970). Les pressions du jour sont indiquées sur le tableau noir.

DOUX ÉLIXIR

Voici une belle excuse pour goûter une liqueur dorée et sucrée : l'Élixir d'Anvers, fabriqué ici depuis 1863, est réputé pour ses vertus digestives – à tel point que Louis Pasteur l'honora d'un diplôme en 1887. Vous pourrez en commander un verre au Grand Café Horta (p. 132), ou en acheter à De Vagant Slijterij (p. 128). La belle bouteille cannelée, de style Art nouveau, constitue à elle seule un élégant souvenir.

CAFÉ BEVEREN *Pub*

☎ 03 231 22 25 ; www.cafebeveren.com, en flamand ; Vlasmarkt 2 ; 12h-tard lun et jeu-dim

Patiné par le temps, ce bijou attire les marins, les étudiants et autres nostalgiques grâce à son juke-box ancien et à son orgue.

DE NIEUWE LINDE *Bar*

☎ 03 248 14 86 ; Pacificatiestraat 49 ; 17h-tard

Les bières bon marché et les œuvres accrochées aux murs et au plafond font de ce lieu un rendez-vous des artistes et des écrivains. Les conversations s'animent parfois au point de couvrir la bonne musique d'ambiance.

DE VAGANT *Café à genièvre*

☎ 03 233 15 38 ; Reyndersstraat 21 ; 12h-tard

Les sols carrelés et les vieilles affiches publicitaires évoquent un café de quartier classique, mais le De Vagant se distingue avec plus de 200 variétés de *jenever*. La spécialité du jour est inscrite à la craie sur le tableau noir.

ELFDE GEBOD *Pub*

☎ 03 289 34 66 ; Torfbrug 10 ; 12h-tard

Des dizaines d'idoles et de statues de saints veillent sur vous tandis que vous sirotez votre bière au "Onzième Commandement".

KING KONG BAR *Bar*

☎ 03 216 37 77 ; Volkstraat 58 ; 11h30-0h mar-jeu, 11h30-16h ven-dim, fermé lun

Avec son cadre digne d'une installation artistique et son ambiance lounge, le très chic King Kong Bar cristallise toute l'élégance d'Anvers.

PAETERS VAETJE *Pub*

☎ 03 231 84 76 ; Blauwmoezelstraat 1 ; 11h-3h dim-jeu, 11h-5h ven-sam

Par une après-midi pluvieuse, vous ne trouverez nul endroit plus douillet que ce pittoresque *bruin eetcafé* ("café brun où l'on mange", voir p. 163), avec ses lampes illuminant les boiseries sombres dans la salle principale et la mezzanine. Plats simples et bon marché ; excellent choix de bières.

PELGROM *Pub*

03 234 08 09 ; www.pelgrom.be ; Pelgrimsstraat 18 ; 17h-tard lun-ven, 12h-tard sam-dim

De la rue, on peut facilement le manquer, mais déjà vous voilà devant la cheminée, dans l'escalier étroit puis dans l'immense cave médiévale voûtée. Les longues tables sont éclairées à la bougie. Avec un peu de chance, vous assisterez au spectacle du magicien de la maison ; Pelgrom sert des festins "médiévaux" (environ 18 € le plat).

POPI CAFÉ *Gay et lesbien*

03 238 15 30 ; Plantinkaai 12 ; 14h-1h lun-jeu, 14h-tard ven-dim

Les après-midi "thé et pâtisseries" s'accompagnent de musique rythmée et dévoilent le caractère ironique de ce café installé de longue date. Une bonne idée pour découvrir les lieux.

LES ÉTÉS D'ANVERS

Avec d'innombrables bars, clubs et salles de spectacles, la vie nocturne d'Anvers est animée toute l'année. Mais l'ambiance est encore plus chaude durant les **Zomer van Antwerpen** (étés d'Anvers ; www.zomervanantwerpen.be), une grande fête qui bat son plein sans interruption en juillet et en août. De nombreux concerts et autres événements en plein air ont lieu partout en ville, y compris au bord de la rivière – repérez les affiches en ville.

'T WAAGSTUK *Bar à bière*

03 225 02 19 ; Stadswaag 20 ; 10h-2h dim-jeu, 14h-4h ven-sam

Des dizaines de chopes sont suspendues au plafond dans ce bar à bière où l'on pénètre par une porte dans une cour médiévale. La clientèle compte beaucoup d'étudiants (et de professeurs) de l'université voisine.

THEO *Café, chaussures*

03 226 79 19 ; Nationalestraat 33 ; 9h-19h lun-sam, 12h-18h dim en été, 9h-18h lun-sam en hiver

À la fois un café et une boutique de chaussures chic. Sirotez un bon café et grignotez du pain Poilâne tout en jetant un œil aux chaussures en cuir souple.

SORTIR

Le calendrier culturel d'Anvers est bien rempli. Pour acheter des places de spectacle, adressez-vous directement aux salles ou à la Fnac (p. 167).

BUSTER *Concerts*

03 232 51 53 ; www.busterpodium.be ; Kaasrui 1 ; 20h-tard

La programmation éclectique du Buster comprend des concerts le mardi (surtout du jazz et du rock ; environ 10 €) ainsi que les traditionnelles *jam sessions* du jeudi. Des comiques et des comédiens viennent également rôder leur spectacle sur la scène (en flamand ou en anglais).

CAFÉ D'ANVERS *Club*

☎ 03 226 38 70 ; www.café-d-anvers.com ; Verversrui 15 ; 10 € ; 23h-7h30 ven-sam

Des DJ belges et étrangers viennent mixer de la funk, de la house, du disco, de la soul et autres sonorités dans ce club de légende, installé dans une ancienne église du "quartier rouge" (voir l'encadré p. 138).

CAFÉ HOPPER *Jazz, blues*

☎ 03 248 49 33 ; www.hopperjazz.org, en flamand ; Leopold De Waelstraat 2

Dans cette belle petite salle, les concerts de jazz et de blues ont généralement lieu les dimanches, lundis et mercredis (environ 8 € pour des spectacles de qualité).

CAFÉ LOCAL *Club*

☎ 03 238 50 04 ; www.cafelocal.be ; Waalsekaai 25 ; 22h-tard mar-sam

Avec son décor évoquant une rue cubaine décrépite, le Café Local est incontournable pour la salsa, les musiques du monde et le disco – consultez le programme en ligne ; comptez 5 à 10 € l'entrée.

La cathédrale Notre-Dame (p. 125), toujours à portée du regard de la foule

LE QUARTIER ROUGE

Tous les ports ont leur "quartier rouge" et celui d'Anvers s'étend entre St-Paulusplaats et Verversrui. L'ambiance y est relativement rangée, voire terne, en comparaison avec son homologue d'Amsterdam – même si la cité hollandaise semble également sur la voie de l'assagissement.

CARTOONS *Cinéma*

☎ 03 232 96 32 ; www.cartoons-cinema.be, en flamand ; Kaasstraat 4-6

Ce cinéma alternatif projette d'excellents films étrangers et d'art et essai dans ses trois salles. Avant ou après la séance, prenez un verre ou un en-cas dans le café douillet (à partir de 17h30 lun-sam, à partir de 15h30 dim). Tarif réduit le lundi.

DE MUZE *Jazz*

☎ 03 226 01 26 ; Melkmarkt 15 ; 12h-4h

Un élégant café sur trois niveaux, séparés par des rideaux de guirlandes lumineuses. Les musiciens investissent la scène à partir de 22h du lundi au samedi et à 15h le dimanche. Pendant les concerts, les consommations sont majorées de 0,50 € afin de rémunérer les artistes. Programmation affichée sur la porte.

DE ROMA *Cinéma*

☎ 03 235 04 90 ; www.deroma.be, en flamand ; Turnhoutsebaan 286

Les habitants du quartier de Borgerhout, à l'est de la gare centrale (Centraal Station), ont donné de leur temps, de leur argent et de leur amour pour restaurer ce bâtiment de 1928 et lui redonner son panache d'antan. Les tramways n°10 et 24 s'arrêtent devant.

DESINGEL *Salle de concert*

☎ 03 248 28 28 ; www.desingel.be ; Desguinlei 25

Cet étonnant bâtiment de béton comprend deux salles de concert. Au final, c'est le haut lieu d'Anvers pour la musique classique, le théâtre international et la danse moderne. De la Centraal Station ou de la Groenplaats, prenez le tram n°2 (direction Hoboken) et descendez à l'arrêt deSingel.

KONINGIN ELISABETHZAAL *Salle de concert*

☎ 0900 260 00 ; www.fccc.be, en flamand ; Koningin Astridplein 23-24

L'orchestre philarmonique des Flandres, **De Filharmonie** (www.defilharmonie.be) et bien d'autres se produisent dans cette salle de concert située à côté de la Centraal Station.

Soirée jazz au De Muze

KONINKLIJK BALLET VAN VLAANDEREN *Danse classique*

03 234 34 38 ; www.koninklijkballetvanvlaanderen.be ; Westkaai 16

Le Ballet royal de Flandre est la plus grande compagnie de danse classique de Belgique. Il occupe un bâtiment conçu spécialement pour lui à Eilandje, à l'extrémité nord du centre-ville. Les spectacles ont lieu ici et au Vlaamse Opera (ci-dessous).

PETROL *Club*

03 226 49 63 ; www.petrolclub.be, en flamand ; 21 d'Herbouvillekaai ; prix variables

Un succès jamais démenti grâce à la musique reggae, électro, drum and bass et autres, ainsi qu'au code vestimentaire décontracté qui garantit une ambiance (assez) bon enfant. À environ 2 km (à pied ou en taxi) du Zuid.

RED & BLUE *Gay et lesbien*

03 213 05 55 ; www.redandblue.be ; Lange Schipperskapelstraat 11-13 ; 7,50 € et 2 € de frais d'adhésion ; 23h-7h sam et événements spéciaux

Le samedi est le soir de prédilection des hommes tandis que les soirées "café de love" s'adressent aux lesbiennes. Le site Internet dévoile le programme de soirées plus éclectiques.

STEREO SUSHI *Club, Restaurant*

03 248 67 27 ; www.stereosushi.be ; Luikstraat 6 ; bar et restaurant 18h-tard mer-dim, club jeu-sam jusqu'à 5h

La décoration manga et les tons fuchsia attirent une clientèle branchée qui vient déguster des sushis avant de faire honneur aux DJ tels que Milkshakerz ou les Breakbeatles. En cas d'affluence, l'accès devient un rien élitiste. Tenue élégante de rigueur.

VLAAMSE OPERA *Opéra*

03 233 66 85 ; www.vlaamseopera.be ; Frankrijklei 3

Construit en 1907, cet opéra couvert de marbre offre un cadre somptueux aux spectacles du Koninklijke Vlaamse Opera (Opéra royal flamand). Comptez entre 9 et 95 € la place.

> GAND

Graslei, un moment de détente au bord de l'eau

>GAND

Située entre Bruxelles, Bruges et Anvers, Gand (Gent en flamand), la moins connue des quatre villes, est dotée pourtant de tous leurs atouts. À la croisée de l'Escaut et de la Lys, enjambés par des ponts à la française, cette ancienne cité drapière du Moyen Âge, avec son château à tourelles et ses rues pavées où s'alignent des maisons ornées de pignons à redans, rivalise de beauté avec Bruges. Ses traditions artistiques ont inspiré les créateurs et elle compte des galeries aussi modernes que celles d'Anvers. Elle partage aussi la diversité et l'énergie de Bruxelles. C'est une ville d'étudiants (ils représentent plus d'un quart de ses 235 000 habitants), où se côtoient lieux de musique alternative, pubs bondés, restaurants pas chers, marchés animés et bars à huîtres.

Son charmant centre historique est une vaste zone piétonne. Très animé, sa fréquentation culmine en juillet, pendant les 10 jours de la Gentse Feesten (p. 29), un festival de rue renommé.

GAND

VOIR

Beffroi	1	C2
Gravensteen	2	C1
Trou du moine	3	C1
Museum voor Schone Kunsten	4	C6
Museum voor Vormgeving	5	B1
St-Baafskathedraal (Saint-Bavon)	6	D2
Stedelijk Museum voor Actuele Kunst (SMAK)	7	C6
Werregarenstraat (Graffiti Street)	8	C2

SHOPPING

Ajuinlei	9	B2
Cargo	10	D1
Eva Bos	11	D3
Groentenmarkt	12	C1
Kouter	13	C3
St-Jacobs	14	D1
St-Michielsplein	15	B2
Temmerman	16	C1
Tierenteyn-Verlent	17	C1
Vrijdagmarkt	18	C1

SE RESTAURER

De 3 Bigettjes	19	C1
De Gekroonde Hoofden	20	B1
Etablissement Max	21	C2
Frituur Filip	22	C1
Het Groot Vleeshuis	23	C1
House of Eliott	24	B1
Marco Polo	25	C1
Mosquito Coast	26	C2
Pakhuis	27	C2
Souplounge	28	C1

PRENDRE UN VERRE

Café Den Turk	29	C2
Casa Rosa	30	D1
De Hel	31	C1
Het Waterhuis aan de Bierkant	32	C1
Mokabon	33	C2
't Dreupelkot	(see 32)	
't Velootje	34	C1
Trollekelder	35	D1

SORTIR

Charlatan	36	D1
Hotsy Totsy	37	B2
Sphinx	38	C2
Uitbureau Gent	39	C1
Vlaamse Opera	40	C3
Vooruit	41	D3

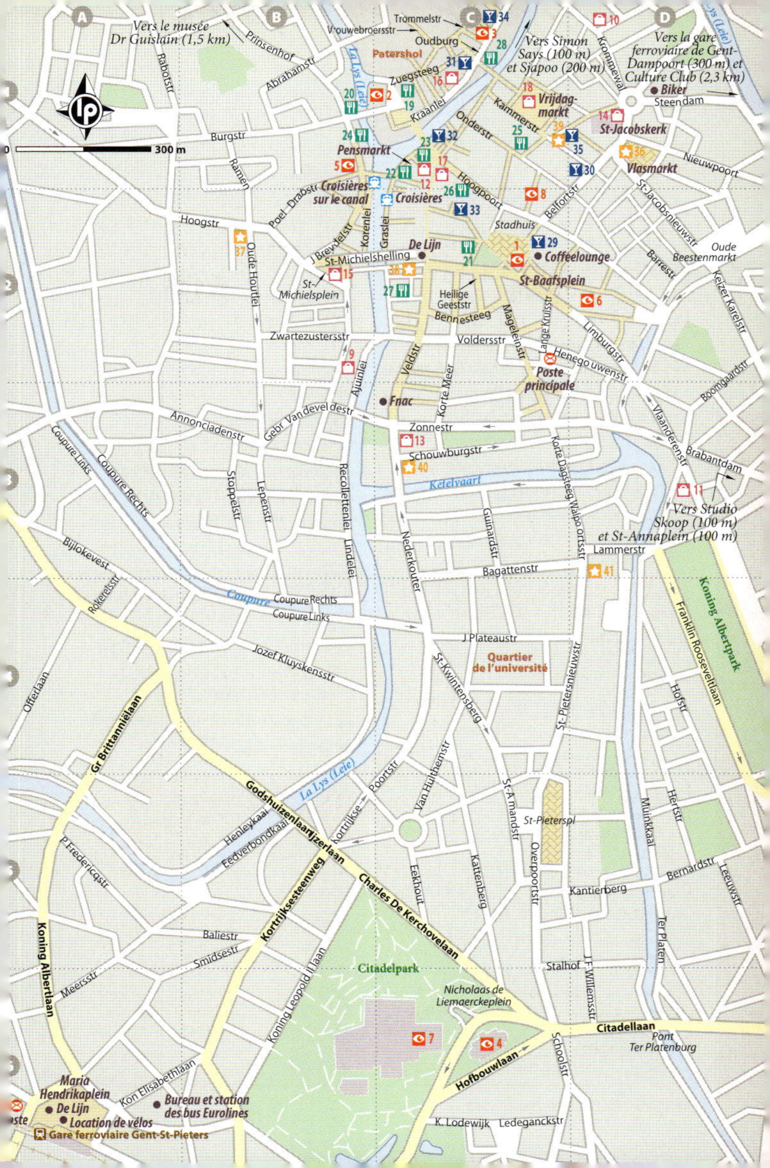

Vers le musée Dr Guislain (1,5 km)
Vers Simon Says (100 m) et Sjapoo (200 m)
Vers la gare ferroviaire de Gent-Dampoort (300 m) et Culture Club (2,3 km)
Vers Studio Skoop (100 m) et St-Annaplein (100 m)
300 m
Patershol
Vrijdagmarkt
St-Jacobskerk
Vlasmarkt
Pensmarkt
Croisières sur le canal
Croisières
De Lijn
Coffeelounge
St-Baafsplein
Stadhuis
Biker
Fnac
Poste principale
Quartier de l'université
Koning Albertpark
Citadelpark
Nicholaas de Liemaerckeplein
Pont Ter Platenburg
Maria Hendrikaplein
De Lijn
Location de vélos
Gare ferroviaire Gent-St-Pieters
Bureau et station des bus Eurolines
La Lys (Leie)
Ketelvaart
Coupure
Trommelstr
Vrouwebroersstr
Oudburg
Prinsenhof
Abrahamstr
Rabotstr
Zuegsteeg
Kraanlei
Onderstr
Kammerstr
Kromneval
Steendam
Nieuwpoort
Burgstr
Ramen
Poel
Drabstr
Hoogpoort
Belfortstr
St-Jacobsnieuwstr
Oude Beestenmarkt
Barrestr
Keizer Karelstr
Hoogstr
Oude Houtlei
J Breydelstr
Korenlei
Graslei
St-Michielshelling
St-Michielsplein
Heilige Geeststr
Bennesteeg
Magelein str
Lange Kruisstr
Limburgstr
Henegouwenstr
Boomgaardstr
Zwartezustersstr
Voldersstr
Ajuinlei
Veldstr
Korte Meer
Gebr Vandeveldestr
Annonciadenstr
Zonnestr
Vlaanderenstr
Brabantdam
Schouwburgstr
Korte Dagsteeg
Walpoortstr
Coupure Links
Coupure Rechts
Stoppelstr
Lepenstr
Recolletenlei
Lindelei
Nederkouter
Guinardstr
Lammerstr
Bagattenstr
Bijlokevest
Rokerelsstr
J Plateaustr
Jozef Kluyskensstr
St-Kwintensberg
St-Pietersnieuwstr
Franklin Rooseveltlaan
Hofstr
Offerlaan
Gr Brittanniëlaan
Godshuizenlaan
IJzerlaan
Poortstr
Van Hulthemstr
St-Amandstr
St-Pieterspl
Hertstr
Munkkaal
Henleykaai
Eedverbondkaai
Kortrijkse
Charles De Kerchovelaan
Eekhout
Kattenberg
Overpoortstr
Kantienberg
Bernardstr
Leeuwstr
Ter Platen
P Fredericqstr
Baliestr
Smidsestr
Kortrijksesteenweg
Meersstr
Koning Albertlaan
Koning Leopold II laan
Stalhof
J F Willemsstr
Citadellaan
Schoolstr
Hofbouwlaan
Kon Elisabethlaan
K. Lodewijk
Ledeganckstr

VOIR

Rien de plus paisible que le bateau pour admirer la ville – voir p. 204 pour des détails sur les balades fluviales.

BEFFROI

☎ 09 233 39 54 ; St-Baafsplein ; adulte/réduit/moins de 12 ans 3/2,50 €/gratuit ; 10h-18h mi-mars à mi-nov

Tout Gand s'étend à vos pieds du haut de ce beffroi du XIVe siècle, inscrit sur la liste du patrimoine mondial par l'Unesco. Son imposante Kloke Roeland prévenait les habitants en cas d'invasion, et son carillon fait résonner quelque 54 cloches dans toute la ville. On y accède à pied ou en ascenseur (inaccessible aux personnes en fauteuil roulant).

MUSÉE DR GUISLAIN

☎ 09 216 35 95 ; www.museumdrguislain.be ; Jozef Guislainstraat 43 ; adulte/réduit/moins de 12 ans 5/2,50 €/gratuit ; 9h-17h mar-ven, 13h-17h sam et dim ;

Cet ancien hôpital psychiatrique, au nord-ouest de la ville, mérite une visite pour sa collection d'œuvres d'art brut.

GRAVENSTEEN

☎ 09 225 93 06 ; St Veerleplein ; adulte/réduit/moins de 12 ans 6/1,20 €/gratuit ; 9h-18h avr-sept, 9h-17h oct-mars

Les comtes de Flandre exerçaient leur pouvoir depuis ce château, dont les origines remontent au XIIe siècle, au centre de la ville. Ses tours carrées et ses remparts lui donnent tout son cachet. Un guide multimédia (3 €) évoque son histoire épique.

MUSEUM VOOR SCHONE KUNSTEN

☎ 09 240 07 00 ; www.mskgent.be ; Citadelpark ; adulte/réduit/moins de 12 ans et 10h-13h dim 4/2,50 €/gratuit ; 10h-18h mar-dim

Le musée des Beaux-Arts, récemment rénové, présente une collection variée d'art ancien et moderne, notamment des primitifs flamands et quelques œuvres emblématiques de Jérôme Bosch comme *De Kruisdraging* (le *Portement de Croix* ; vers 1480).

MUSÉES GRATUITS

Des visites gratuites du **Museum voor Schone Kunsten** (musée des Beaux-Arts, ci-dessus), du **Museum voor Vormgeving** (musée du Design, en face) et du **Stedelijk Museum voor Actuele Kunst** (SMAK ; musée d'Art contemporain ; p. 146) sont proposées à 11h le dimanche sur réservation (appelez les musées ou l'office du tourisme (p. 205). Entrée gratuite à cet horaire.

PÉRIPÉTIES D'UN CHEF D'ŒUVRE

La survie de l'*Adoration de l'Agneau mystique* tient du miracle. Les calvinistes faillirent le détruire et le prude empereur d'Autriche Joseph II fit remplacer Adam et Ève par des personnages habillés (on peut voir les deux versions). Il fut envoyé à Paris pendant la Révolution française. Plus tard, durant la Seconde Guerre mondiale, les Allemands le confisquèrent et le cachèrent dans une mine de sel autrichienne, où il échappa de justesse à une explosion. Le panneau *De Rechtvaardige Rechters* (Les Juges intègres), volé en 1934, ne fut jamais retrouvé, une copie est présentée à sa place.

MUSEUM VOOR VORMGEVING

☎ 09 267 99 99 ; http://design.museum.gent.be/ ; Jan Breydelstraat 5 ; adulte/rémoins de 12 ans et 10h-13h dim 2,50/1,20 €/ gratuit ; 10h-18h mar-dim

Derrière une façade du XVIIIe siècle, ce musée du Design expose du mobilier datant de la Renaissance à nos jours dans un espace étonnamment moderne. Art déco, Art nouveau et décoration rétro (y compris des canapés criards des années 1970) sont représentés. Les collections temporaires exigent parfois un supplément.

ST-BAAFSKATHEDRAAL (CATHÉDRALE SAINT-BAVON)

☎ 09 269 20 45 ; St-Baafsplein ; cathédrale entrée libre, retable adulte/moins de 12 ans 3 €/gratuit ; cathédrale 8h30-18h avr-oct, jusqu'à 17h nov-mars, retable 9h30-17h lun-sam et 13h-17h dim avr-oct, 10h30-16h lun-sam et 13-16h dim nov-mars ;

La cathédrale Saint-Bavon conserve l'œuvre qui inaugure l'âge d'or de l'école flamande de peinture : le polyptique *Adoration de l'Agneau mystique* (ou simplement *Agneau mystique* ; *De Aanbidding van het Lam Gods* en flamand), peint en 1432 par Jan Van Eyck. Ce retable qui compte

La cathédrale Saint-Bavon et le beffroi

La perspective fait toute la différence au Stedelijk Museum voor Actuele Kunst (SMAK)

20 panneaux détaillés est l'une des premières œuvres à l'huile connues. Il suffit à assurer la renommée de la cathédrale, riche pourtant de 22 autels. Le niveau supérieur du retable comporte un portrait de Dieu le Père, et la partie inférieure montre l'Agneau, qui symbolise le sacrifice du Christ. Cette œuvre a connu quelques péripéties au cours de son histoire – voir l'encadré p. 145.

STEDELIJK MUSEUM VOOR ACTUELE KUNST (SMAK)

09 240 76 01 ; www.smak.be ; Citadelpark ; adulte/réduit/moins de 12 ans et 10h-13h dim 6/4 €/gratuit ; 10h-18h mar-dim ;

Ce musée d'art contemporain attire de nombreux visiteurs. Sa collection permanente d'œuvres locales de haut niveau (Karel Appel, Pierre Alechinsky et Panamarenko) et de grands noms internationaux (Christo, Warhol et Hockney) cède parfois la place à de grandes expositions temporaires (comme les installations de Paul McCarthy) ; consultez le programme en ligne.

SHOPPING

Depuis que le centre de Gand est devenu piétonnier il y a plus de dix ans, les boutiques de produits encombrants (comme les meubles) ont déménagé

GRAFFITI STREET

Afin d'épargner le patrimoine architectural de Gand, une rue piétonne, Werregarenstraat, est consacrée aux graffitis. Les murs élevés le long des 100 m de cet étroit passage forment une toile idéale pour les grapheurs, et de nombreux artistes connus et moins connus viennent y imprimer leur marque. À vos bombes !

dans des zones accessibles aux véhicules. On trouve sur Veldstraat des grands magasins et des chaînes ; Mageleinstraat et ses alentours, à l'est, où sont installées les boutiques spécialisées, est une zone plus intéressante. Certaines boutiques très excentriques sont regroupées dans Serpenstraat et ses environs immédiats.

CARGO *Luminaires*

☎ 09 224 13 41 ; www.cargo-art.be ; Krommewal 1 ; 🕓 10h-12h30 et 14-18h mar-sam

Ce showroom-atelier expose des luminaires et des appliques originales ; ce sont des créations artistiques incorporant des éléments naturels (pommes de pins, coquilles de moules, etc.) ou des matériaux industriels recyclés.

EVA BOS *Mode*

☎ 0495 49 61 64 ; Vlaanderenstraat 66 ; 🕓 10h30-12h30 et 13h30-18h mar-ven, 11h-18h sam

La créatrice Eva Bos enseigne à l'école de mode de Gand et vend de "vrais trésors" des années 1950 et 1960 dans sa boutique vintage. Certaines créations sont signées par ses étudiants les plus talentueux.

SJAPOO *Mode*

☎ 09 225 75 35 ; Sluizeken 29 ; 🕓 10h-13h et 14h-18h mar-ven, 11h-18h30 sam

L'atelier de Milliner Ria Dewilde est à l'arrière de sa boutique (au nord de Vrijdagmarkt). Beaucoup de créations pour tous les jours s'inspirent des années 1920, et vous dénicherez de ravissants bibis pour vos mariages et autres cérémonies. Ria vend aussi une sélection de vêtements belges et français.

TEMMERMAN *Confiserie*

☎ 09 224 00 41 ; Kraanlei 79 ; 🕓 11h-18h mer-sam

Des bocaux remplis de gurmandises s'alignent derrière le comptoir de cette confiserie à l'ancienne, ouverte depuis 1904 et dirigée par la huitième génération de confiseurs. La fabrique familiale concocte notamment les typiques *neuzekes* (petits "nez" durs et rouge, remplis de gelée) et les *mokke* (biscuits à l'anis).

TIERENTEYN-VERLENT

Artisanat

09 225 83 36 ; www.tierenteyn-verlent.be ; Groentenmarkt 3 ; 8h30-18h lun-ven, 8h30-12h30 et 13h-18h sam

Moutardier traditionnel depuis 1790, Tierenteyn-Verlent occupe cette boutique classée depuis 1860 et a conservé sa décoration originale : hautes armoires à glace d'apothicaire et bocaux à épices derrière des comptoirs de bois verni. La moutarde est confectionnée selon les techniques originales, uniquement à base d'ingrédients naturels : vinaigre, sel et grains de moutarde. Chaque pot est vendu avec sa petite cuillère en bois.

SE RESTAURER

Si le débat fait rage pour savoir où se vendent les meilleures frites de Gand, la valeur sûre reste **Frituur Filip** (Pensmarkt ; 11h30-13h30 et 17h-22h30 lun-jeu, 11h30-24h ven-dim), installé là depuis toujours.

DE 3 BIGGETJES

Gastronomie €€€

09 224 46 48 ; www.de3biggetjes.com, en néerlandais ; Zeugsteeg 7 ; 12h-14h et 19h-21h30 lun-mar et jeu-ven, 19h-21h30 sam

"Rue de la truie", dans le fouillis d'allées de Patershol (p. 150), ces "trois petits cochons" sont un joyau de la restauration gantoise. Plats fusion étonnants et menus avantageux (16 € au déj, 29/39 € au dîner pour 3/4 plats, champagne compris), dans un cadre intime.

LA CORDE AU COU

Pourquoi un nœud coulant dans une confiserie comme **Temmerman** (p. 147) ? Remontons le temps. En 1537, l'empereur Charles Quint condamna les citoyens de Gand, qui s'étaient révoltés, à marcher dans les rues nu-pieds, vêtus d'une simple chemise, un nœud coulant autour du cou. Cette punition se rejoue pendant des fêtes où les *stropdragers* (ceux qui portent les nœuds) honorent la rébellion de leurs ancêtres (demandez les dates à l'office du tourisme). Des nœuds coulants sont aussi présents à d'autres endroits insolites de la ville.

DE GEKROONDE HOOFDEN

Belge €€

09 233 37 74 ; www.degekroondehoofden.be, en néerlandais ; Burgstraat 4 ; 18h-24h lun-sam, 18h-23h dim

Ce vaste restaurant clair et aéré, à deux pas du château, a pour spécialité les travers de porc (au miel, nature ou aigres-doux, selon une recette maison). Choisissez à la carte (à partir de 15 €) ou à volonté (23-37 €), et terminez avec une mousse au chocolat. Personnel chaleureux et authentique.

ETABLISSEMENT MAX

Brasserie €

09 223 97 31 ; Goudenleeuwplein 3 ; 9h-18h lun, mer et jeu, 9h-tard ven-dim, fermé mar
Cette élégante brasserie aux couleurs vert et or sert des mets de choix, des crêpes et des beignets aux pommes. La famille du gérant Yves Van Maldeghem (voir p. 151) débuta avec un étal ambulant sur les marchés. Les moules à gaufre vieux 120 ans témoignent de cette longue histoire.

HET GROOT VLEESHUIS

Flamand €

09 223 23 24 ; www.grootvleeshuis.be ; Groentenmarkt 7 ; restaurant 11h30-15h mar-ven, 11h30-16h sam et dim, boutique et bar 10h-18h mar-dim
Cette halle à la viande d'époque médiévale a été convertie en magasin de produits artisanaux (dégustation gratuite de fromage et de viande). À la carte du restaurant, qui donne sur les plafonds du vieux marché et ses jambons suspendus : bières locales, cidre et viande à foison.

HOUSE OF ELIOTT

Bistrot €€€

09 225 21 28 ; www.thehouseofeliott.be, en néerlandais et français ; Jan Breydelstraat 36 ; 12h-14h et 16h-tard jeu-lun
Un décor flamboyant et théâtral du début du XXe siècle, avec mannequins en vêtements d'époque et lustres éclairant la salle à manger. Au sous-sol, à "l'office", devant la terrasse qui donne sur le canal, la décoration est plutôt brocante (vieux moulins à café, machines à coudre et murs recouverts de céramique Wedgwood). C'est là qu'attendent les homards vivants, spécialité de la maison.

MARCO POLO

Italien €€

09 225 04 20 ; Serpenstraat 11 ; midi-14h30 et 18h-22h mar-ven, 18h-22h sam et dim

MARCHÉS DE GAND

Les rues piétonnes et les grandes places, comme celles citées ci-dessous, sont idéales pour les marchés.

Ajuinlei (8h-13h dim)
Marché aux livres sur les quais.
Groentenmarkt (9h-13h ven)
Marché bio et bar à huîtres.
Kouter (8h-13h dim)
Fleurs, alimentation et bar à huîtres.
St-Jacobs (8h-13h ven-dim).
Marché aux puces.
St-Michielsplein (7h30-13h dim)
Marché alimentaire.
Vrijdagmarkt Marché alimentaire (7h30-13h ven) ; marché aux oiseaux (7h30-13h dim).

Ce restaurant tranquille semble tout droit sorti des collines du Piémont. Depuis la grande table de bois commune, jetez un œil dans la cuisine où le chef prépare des classiques italiens (inscrits chaque jour au tableau noir).

MOSQUITO COAST

International €

☎ 09 224 37 20 ; www.mosquitocoast.be ; Hoogpoort 28 ; cuisine midi-14h et 18h-23h mar-sam, bar 11h-tard mar-sam

Ce grand café "des voyages et de l'aventure" sert une cuisine venue du monde entier, des tapas au steak de kangourou. À déguster dans des box ornés de mosaïques sur la mezzanine, dans la cour ombragée de bambous, ou sur la terrasse du toit. À défaut d'un repas, faites une pause au bar le temps d'un mojito, pour feuilleter les guides et détailler plaques d'immatriculation internationales, devises, cartes et mappemondes.

PAKHUIS

Brasserie €€

☎ 09 223 55 55 ; www.pakhuis.be ; Schuurkenstraat 4 ; cuisine 12h-23h dim-jeu, 12h-24h ven et sam, bar 11h30-1h dim-jeu, 11h30-2h ven et sam

Poutrelles en fer, balcons d'intérieur et plafonds de verre voûté donnent à cet ancien entrepôt un cachet sublime, idéal pour un Bloody Mary et/ou un repas. Les produits de la mer sont excellents (loup à la purée d'artichauts et sauce au vermouth, ou saumon grillé) ; la carte propose aussi des mets saisonniers, comme du ragoût d'agneau au Barbera, ou des pâtes bio aux truffes noires.

SOUPLOUNGE

Soupes €

☎ 09 223 62 03 ; www.souplounge.be, en néerlandais ; Zuivelbrugstraat 6 ; 10h-19h

Un mobilier en plexiglas dans des locaux lumineux. Choisissez

PATERSHOL, RENDEZ-VOUS BRANCHÉ DE GAND

Ce quartier du centre historique de Gand est organisé autour d'un ancien monastère carmélite, qui présente désormais des expositions artistiques gratuites (demandez le programme à l'office du tourisme). Cherchez la porte basse en bois, peinte en bleu, à l'angle de Trommelstraat et de Plotersgracht (ou "trou du moine"), qui permettait aux moines d'accéder directement au cours d'eau. Rénové il y a quelques dizaines d'années, le labyrinthe de ruelles pavées de Patershol, dont l'origine date de l'époque médiévale, est aujourd'hui peuplé de charmants restaurants comme De 3 Biggetjes (p. 148), où il fait bon s'attarder.

Yves Van Maldeghem
Préparateur de gaufres et brasseur

Quand êtes-vous tombé dans le moule ? Ma famille a inventé la gaufre de Bruxelles ici en 1839, il y a six générations (voir aussi p. 51). J'avais neuf ans quand ma grand-mère m'a transmis la recette. **Pourquoi l'appeler la gaufre de Bruxelles si elle a été inventée à Gand ?** La capitale avait une image plus bourgeoise, les gens préféraient manger des "gaufres de Bruxelles." **Quel est le secret de ces merveilles ?** Elles doivent être croustillantes à l'extérieur, de la couleur du chêne flamand, et fondantes à l'intérieur. La cuisson au gaz est essentielle, et je préfèrerais fermer boutique plutôt que d'utiliser l'électricité. **La Belgique va-t-elle se diviser un jour ?** Je l'ignore, et ça ne m'intéresse pas – il n'y a que les gaufres qui m'intéressent.

parmi les quatre soupes du jour accompagnées de pain, de beurre et de fruits frais, ou optez pour un sandwich ou une salade.

PRENDRE UN VERRE

Voir aussi les rubriques *Se restaurer* et *Sortir*.

CAFÉ DEN TURK *Pub*

☎ 09 233 01 97 ; www.cafedenturk.be ; Botermarkt 3 ; 11h-tard

Ce vénérable établissement daterait de 1228... Il demeure fidèle à sa fonction de lieu de rencontres local, le genre d'endroit où l'on rentre seul et d'où l'on ressort avec une dizaine d'amis.

CASA ROSA *Gay et lesbien*

☎ 09 269 28 16 ; www.casarosa.be ; Belfortstraat 39 ; 15h-1h

La "maison rose" est un must pour les voyageurs homosexuels à Gand. La foule disparate au bar connaît les adresses les plus branchées du moment. Un office du tourisme gay et lesbien y est même aménagé (aux heures ouvrables les lundi, mercredi et samedi) ; cartes de la ville et bonnes adresses à disposition.

DE HEL *Bar*

☎ 09 224 32 40 ; Kraanlei 81 ; 16h-tard mar-sam, 14h-tard dim

Ambiance romantique dans cette maison baroque agrémentée de rideaux de velours noir et de banquettes confortables, éclairées de photophores rouges. À l'opposé des bars d'étudiants, plus criards.

HET WATERHUIS AAN DE BIERKANT *Pub à bière*

☎ 09 225 06 80 ; www.waterhuisaanderbierkant.be ; Groentenmarkt 9 ; 11h-tard

Le personnel, passionné par la bière, vous en propose plus de 140 sortes dans un décor douillet ou sur la grande terrasse au bord de l'eau. Essayez l'incroyable Klokke Roeland (avec ses 11 degrés d'alcool, elle est souvent bue avant de dormir, et limitée à 3 par personne !) et la blonde Gandavum Dry Hopping (7,5 degrés, sans doute la meilleure bière que l'auteur ait jamais goûtée). À ne surtout pas manquer.

MOKABON *Café*

☎ 09 225 71 95 ; Donkersteeg 35 ; 8h-19h lun-sam toute l'année et 11h30-18h30 dim oct-Pâques

L'envoûtant arôme de la torréfaction du café parfume cet établissement sans chichis. Des habitants de toutes origines se rassemblent autour du bar Art déco pour un expresso ou un café frappé. Le café torréfié maison, en grain ou moulu, est vendu à 13,20 € le kilo.

SIMON SAYS *Café* €

☎ 09 233 03 43 ; www.simon-says.be ; Sluizeken 8 ; 9h-18h mar-ven, 10h-18h sam et dim, plus tard l'été

Dans l'un des seuls bâtiments Art nouveau de Gand, ce café arbore des objets volants futuristes, dessinés à la main sur ses murs turquoise par le célèbre artiste anversois Panamarenko. Impeccable pour des déjeuners bio, des en-cas et du café équitable. Simon gère un B&B de 2 chambres dernier cri à l'étage. Juste au nord de Vrijdagmarkt.

'T DREUPELKOT *Bar à genièvre*

☎ 09 224 21 20 ; Groentenmarkt 12 ; 11h-1h mar-dim

De nombreuses variétés de *jenever* à déguster au bord de l'eau, à côté d'Het Waterhuis.

'T VELOOTJE *Bar*

Kalversteeg 2

En passant la lourde porte anonyme, attention aux vélos et aux lampes à pétrole qui encombrent ce minuscule et obscur garage. On y pique-nique sur la table basse. Lieven De Vos a transformé son atelier de bicyclettes en bar informel – commandez une bière, il vous apportera ce qu'il voudra... Ouvert de "quand j'ai envie d'ouvrir jusqu'à la fermeture" (essayez après 21h).

TROLLEKELDER *Pub*

☎ 09 223 76 96 ; www.trollekelder.be, in Dutch ; Bij St-Jacobs 17 ; 17h-2h lun-jeu, 16h-3h ven et sam, 16h-2h dim

COMMANDER UNE BIÈRE DANS UN BAR BONDÉ...

Installé dans un bar surpeuplé, à vous demander comment le barman va bien pouvoir prendre votre commande, vous observez les Belges agiter la main et, aussitôt, recevoir leur chope. Commander est très simple : indiquez combien de bières vous voulez en levant le nombre de doigts correspondant, puis indiquez le type de bière que vous désirez grâce aux signes suivants :

> Pintje – Levez le petit doigt. On vous servira une chope standard de la pression maison (Jupiler par exemple), en général 25cl parfois 33cl, selon le pub et la bière.

> Palmke – Tapez vers le bas dans la paume de votre main, pour un verre de la marque Palm.

> Duvel – Levez le petit doigt et l'index en même temps. Ces cornes du démon vous vaudront une chope de Duvel (un petit goût de paradis qui, à haute dose, peut vous valoir un lendemain qui déchante).

Des trolls poilus aux yeux exorbités jaillissent d'endroits improbables dans ce pub aux murs en pierre, des cellules aux barreaux de fer de la cave par exemple. Ambiance malgré tout humaine, comme le prouvent les habitués qui viennent déguster sa blonde Trollebier (bière du troll).

SORTIR

Les places pour la plupart des concerts et des événements s'achètent à **Uitbureau Gent** (☎ 09 233 77 88 ; Kammerstraat 19 ; 🕒 9h-12h30 et 13h30-17h30 lun et mer-ven, 10h-12h30 et 13h30-17h30 mar, 10h-12h30 et 13h30-16h30 sam).

CHARLATAN *Musique live et DJ*

☎ 09 224 24 57 ; www.charlatan.be ; Vlasmarkt 6 ; 🕒 19h-tard mar-dim

Poussez la porte de ce bar à concerts, une institution pour les groupes et les DJ. Programme sur le site Internet ou les flyers sur place.

CULTURE CLUB *Club*

☎ 09 233 09 46 ; www.cultureclub.be ; Afrikalaan 174 ; 8/10 € avant/après minuit ; 🕒 23h-très tard sam et plusieurs autres nuits

Le paradis de la branchitude, aux lumières incroyables et aux DJ assurés. Voyez le programme en ligne avant de sortir de la ville et parez-vous de vos plus belles plumes pour ne pas être évincé à l'entrée.

HOTSY TOTSY *Jazz*

☎ 09 224 20 12 ; www.hotsytotsy.be, en néerlandais ; Hoogstraat 1 ; 🕒 12h-tard lun-ven, 20h-tard sam et dim sept-juin, 20h-tard tlj juil-août

Papier peint aux rayures irisées, box en veloutine et Ella Fitzgerald en fond sonore font du Hotsy Totsy une bonne adresse, surtout quand on peut y écouter de la musique live (au moins le mardi et le jeudi, concerts annoncés sur le site Web). Des artistes locaux exposent dans l'arrière-salle.

SPHINX *Cinéma*

☎ 09 225 60 86 ; St-Michielshelling 3

Films d'art et d'essai.

STUDIO SKOOP *Cinéma*

☎ 09 225 08 45 ; St-Annaplein 63

Cinq écrans et une ambiance confortable et désuète.

LES LUMIÈRES DE LA VILLE

Inscrivez-vous pour une balade nocturne à Gand, au milieu des édifices aux illuminations spectaculaires. Les rues piétonnes ont permis l'installation d'un système d'éclairage souterrain qui vient frapper les façades (regardez sous vos pieds). Cette conception lumineuse remporte d'innombrables récompenses internationales.

LA VIE NOCTURNE DE GAND

Comme toute bonne ville estudiantine, Gand est surtout animée pendant l'année scolaire, notamment le jeudi soir. Quand il fait doux, des centaines d'étudiants se rassemblent, pour faire la fête, sur les rives de la Lys sur Korenlei et Graslei. Des bars alternatifs, avec musique live et DJ, bordent les rues autour de St-Jacobskerk et de Vlasmarkt, et des cafés estudiantins jalonnent le quartier de l'université (entre le centre historique et la gare Gent-St-Pieters au sud-ouest). Les rythmes se durcissent dans les clubs d'Oude Beestenmarkt, immédiatement au sud-est de Vlasmarkt, et les clubbers les plus acharnés préfèrent le centre et ses temples de la fête comme le **Culture Club** (p. 154).

☆ VLAAMSE OPERA *Opéra*

☎ 09 268 10 11 ; www.vlaamseopera.be ; Schouwburgstraat 3

Le principal opéra de Gand date de 1840. Il arbore des balcons en fer à cheval à plusieurs niveaux et d'élégants salons.

☆ VOORUIT *Centre culturel*

☎ 09 267 28 48 ; www.vooruit.be ; St- Pietersnieuwstraat 23 ; 🕒 11h30-tard, repas 12h30-15h et 18h-20h30

La culture sous toutes ses formes : du jazz au flamenco en passant par des lectures, dans un espace artistique orienté plutôt à gauche. Les étudiants se rassemblent dans le grand foyer ouvert, autour d'un café ou d'un verre ; un repas chaud et consistant coûte moins de 8 €.

> ZOOM SUR...

Bruxelles, Bruges, Anvers et Gand ne sont pas des villes exubérantes. Pourtant, elles possèdent plus d'un atout pour séduire : trésors historiques méconnus, circuits alternatifs, vie culturelle et cafés animés bordent chaque coin de rue. Ce chapitre souligne la diversité de ces villes afin que chaque visiteur imagine son séjour selon ses centres d'intérêt.

À Anvers, élégance et shopping sont au rendez-vous

ARCHITECTURE

Les styles architecturaux qui s'entremêlent à Bruxelles, Bruges, Anvers et Gand permettent de retracer le passé de ces cités. L'architecture médiévale – remarquable surtout par les colonnes romanes et les ogives gothiques – a laissé son empreinte au cours des premiers temps de leur histoire. Aux XVIe et XVIIe siècles, c'est le baroque flamand (aussi appelé Renaissance flamande) qui s'imposa, sous l'influence de la tendance flamboyante répandue en Italie. Les plus célèbres exemples sont les maisons des corporations de la Grand-Place de Bruxelles (p. 44), rebâties dans ce style après le bombardement de la ville en 1695. Le style néoclassique du XVIIIe siècle céda la place à plus d'extravagance après l'indépendance de la Belgique, en 1830. On vit alors apparaître des édifices notables à l'exemple des galeries royales Saint-Hubert (p. 48). Lorsque Léopold II arriva au pouvoir en 1865, il exprima sa soif de grandeur dans des bâtiments comme le palais de justice (p. 60) de la capitale.

C'est l'Art nouveau, introduit à la fin du XIXe siècle, qui a laissé le plus de traces dans les quatre villes, en particulier à Bruxelles. Il se caractérise par des spirales sinueuses, des courbes et des motifs floraux, et l'utilisation de matériaux tels que le fer forgé (à l'instar de la Tour Eiffel), le verre, les bois précieux et le marbre. Victor Horta fut le premier à introduire ce style élégant à Bruxelles, et ses œuvres sont exposées dans le musée qui porte son nom (p. 77), son ancienne résidence. Au milieu du XXe siècle, Bruxelles subit une vague de démolitions qui anéantit nombres de trésors Art nouveau. Ainsi, la magnifique Maison du Peuple, signée Horta, fut détruite en 1965 pour faire place à un immeuble de bureaux insipide, ce qui provoqua l'indignation de la communauté internationale et entraîna la création de lois visant à protéger le patrimoine de la ville. L'office du tourisme de Bruxelles distribue une carte avec un parcours Art nouveau, qui peut être téléchargée gratuitement sur le site www.brusselsinternational.be. Anvers renferme également de très beaux exemples de cette période. Après la Seconde Guerre mondiale, l'Art nouveau fut abandonné au profit de l'Art déco et Victor Horta laissa un fabuleux témoignage de cette évolution avec l'ancien palais des Beaux-Arts, aujourd'hui appelé le Bozar (p. 63).

L'édifice le plus insolite du pays est le futuriste Atomium (p. 91). Si l'architecture contemporaine est un peu à la traîne, comme en témoignent les immeubles de bureaux banals dans le quartier de l'UE à Bruxelles, quelques édifices se démarquent dans le paysage urbain, notamment la salle de concerts en brique rouge à Bruges (Concertgebouw, p. 115), le nouveau palais de justice d'Anvers (Justitiepaleis, p. 125) ou le Natie (p. 123), également à Anvers.

L'un des meilleurs moyens d'apprécier l'architecture bruxelloise est de participer à l'**Atelier de recherche et d'action urbaine** (ARAU ; carte p. 42, C3 ; ☎ 02 219 33 45 ; www.arau.org ; bd Adolphe Max 55 ; ⌚ avr à mi-déc), animé par des habitants. Cette association organise des circuits en bus (15 €) et à pied (10 €) ; vous passerez par des bâtiments de tous les styles, dont certains ne sont pas ouverts au public en temps normal. On peut réserver sur Internet via l'office du tourisme de Bruxelles (p. 207).

BEAUTÉS DU MOYEN ÂGE

- > Gravensteen, Gand (p. 144)
- > Beffroi et béguinage, Bruges (p. 101)
- > Cathédrale Notre-Dame (Onze Lieve Vrouwkathedraal), Anvers (p. 125)
- > Hôtel de ville, Bruxelles (p. 41)

TRÉSORS ART NOUVEAU

- > Musée Horta, Bruxelles (p. 77)
- > Musée des Instruments de musique, Bruxelles (p. 57)
- > Centre belge de la BD, Bruxelles (p. 41)
- > Quartier de Zurenborg, Anvers (p. 122)

En haut à gauche La majestueuse façade du palais royal (p. 60), à Bruxelles

ARTS

Bruxelles, Bruges, Anvers et Gand témoignent d'une riche tradition picturale, ainsi que d'autres modes d'expression artistique typiquement belges : des sculptures impertinentes (p. 45) et des fresques de BD (p. 16).

La distinction entre peintres hollandais et flamands apparut à la fin du XVIe siècle. Au XVe siècle, des artistes, sollicités par la noblesse ou le clergé pour immortaliser scènes historiques, religieuses ou de vie quotidienne, exercèrent une influence considérable sur l'art européen ; ils sont aujourd'hui connus sous le nom de primitifs flamands. Parmi eux, citons Jan Van Eyck (v. 1390-1441), dont le retable de l'*Agneau mystique* (1432), qui consacre l'école flamande de peinture, est conservé à la cathédrale Saint-Bavon (St-Baafskathedraal, p. 145) à Gand ; Rogier Van der Weyden, le peintre de la ville de Bruxelles ; ou encore Hans Memling (v. 1440-1494). Bruges, berceau de nombreuses œuvres de primitifs flamands, s'enorgueillit d'une magnifique collection au Groeningemuseum (p. 104).

Au XVIe siècle, Pieter Bruegel l'Ancien (v. 1525-1567) et ses deux fils, Pieter (dit Bruegel le Jeune, 1564-1638) et Jan (dit Bruegel de Velours,

1568-1625) firent leur entrée dans le paysage artistique. Les Pieter père et fils vivaient et travaillaient à Bruxelles tandis que Jan résidait principalement à Anvers, où il avait pour collègue Pieter Paul Rubens (1577-1640 ; voir l'encadré ci-dessous). Né en Allemagne, Rubens retourna à Anvers, ville d'origine de ses parents, et mêla les styles flamand et italien pour réaliser des œuvres religieuses qui firent école (la *Descente de Croix* est sans doute la plus connue), des portraits, ainsi que des scènes mythologiques à la mode baroque (*Samson et Dalila*, *Vénus et Adonis*), où les nus voluptueux et les chérubins retiennent souvent l'attention. Rubens installa un atelier à Anvers où le rejoignirent d'autres peintres de talent, notamment Antoon Van Dyck et Jacob Jordaens.

Fauvisme, cubisme, symbolisme et expressionisme se succédèrent, mais c'est le surréalisme qui fut prépondérant. Les deux fers de lance du mouvement furent René Magritte (1898-1967 ; p. 60), qui jonglait avec les légendes existentialistes ("ceci n'est pas une pipe", sous une représentation de pipe) et dont l'homme au chapeau melon est devenu un emblème national ; et Paul Delvaux (1897-1994 ; p. 108) pour son univers magique et un peu inquiétant.

Actuellement, le milieu de l'art contemporain est très dynamique en Belgique. Quelques noms en vogue : Panamarenko (né en 1940), dont les étonnantes sculptures et peintures mêlent des engins volants réels et imaginaires ; Jan Fabre (né en 1958), plasticien, chorégraphe et metteur en scène ; Luc Tuymans (né en 1958), pour ses peintures porteuses d'un message politique ; et Eddy Stevens (né en 1965), qui emprunte à Rubens en ajoutant des clins d'œil surréalistes.

RUBENS EN MAJESTÉ

> Rubenshuis, Anvers (p. 126)
> Cathédrale Notre-Dame (Onze Lieve Vrouwkathedraal), Anvers (p. 125)
> Koninklijk Museum voor Schone Kunsten, Anvers (p. 123)
> Rockoxhuis (p. 126)
> Musées royaux des Beaux-Arts, Bruxelles (p. 60)

LES MUSÉES D'ART CONTEMPORAIN LES PLUS AUDACIEUX

> Stedelijk Museum voor Actuele Kunst (SMAK), Gand (p. 146)
> Museum van Hedendaagse Kunst Antwerpen (MuHKA), Anvers (p. 125)

En haut à gauche Aux musées royaux des Beaux-Arts (p. 60)

BIÈRE ET GENIÈVRE

Dans tous les débits de boissons, vous serez confronté à un vaste choix de bières et de *jenever* (genièvre). Le plus logique consiste pourtant à les goûter dans les "bars à bière" et les "cafés à genièvre". Nous avons signalé ces établissements spécialisés, se présentant rarement comme tels, dans les rubriques *Prendre un verre* de chaque ville. Ils disposent en général d'une carte interminable comportant une foule de détails. Si le choix vous semble trop épineux, demandez conseil au serveur en lui indiquant vos goûts et vos envies, et faites confiance au spécialiste ! Pour plus de détails sur la bière et le *jenever*, voir p. 12 et p. 20.

La variété des débits de boissons est tout aussi impressionnante. En Belgique, le terme "café" désigne généralement un bar ou un pub (certaines boîtes de nuit se présentent aussi sous cette dénomination). Les établissements ouvrent souvent autour de 10h ; les horaires de fermeture ne sont pas réglementés et varient en fonction de l'affluence.

Les cafés où l'on sert des en-cas sont appelés *eetcafé* ("café où l'on mange") ou *grand café* (une version plus spacieuse et plus élégante).

Dans les bars, on ne sert en principe que des boissons. De la même façon, un *herberg* (taverne, en flamand) est avant tout un lieu où l'on boit. Pittoresque au possible, le traditionnel *bruin café* ("café brun", parfois appelé *bruine kroeg*) doit son nom à ses murs habillés de boiseries alternant avec de grands miroirs. Ces bars à l'ancienne sont des lieux de prédilection pour se mêler aux habitants.

Si vous sortez avec des Belges, vous remarquerez vite que tous, hommes ou femmes, offrent des tournées ; celui qui ne le fait pas fait figure de paria, sauf s'il s'agit de "Bob" (surnom donné au conducteur qui ramène tout le monde et de fait ne boit pas – une excellente campagne de prévention contre l'alcool au volant a fait passer ce concept dans le langage quotidien). Vous verrez également que pour commander, les Belges utilisent un langage des signes étonnant mais efficace – voir p. 153 pour apprendre ces subtilités. Enfin, n'oubliez pas qu'en flamand, "Santé !" se dit *schol* ou *gezondheid*.

Pour ce qui est du café, il fait pâle figure face aux boissons alcoolisées (voir p. 53). En revanche, il existe de plus en plus de salons de thé servant de bons thés parfumés, par exemple l'AM Sweet (p. 92) à Bruxelles.

NOS BARS À BIÈRE PRÉFÉRÉS

> Bierhuis Kulminator, Anvers (p. 134)
> Brugs Beertje, Bruges (p. 113)
> Het Waterhuis aan de Bierkant, Gand (p. 152)
> 't Waagstuk, Anvers (p. 136)
> Chez Moeder Lambic, Bruxelles (p. 80)

GENIÈVRE À PERDRE LA TÊTE

> De Vagant, Anvers (p. 135)
> 't Dreupelkot, Gand (p. 153)

En haut à gauche Prendre son temps en terrasse... un art à cultiver absolument !

CUISINE

Aiguisez votre appétit car les restaurants des quatre villes concoctent une ribambelle de spécialités. Par ailleurs, la Belgique compte plus d'étoiles au Michelin par habitant que nul autre pays d'Europe ! Beaucoup de cafés servent également plats et en-cas – voir p. 162.

En Flandre, le petit-déjeuner est très copieux : charcuterie, fromage, céréales, etc. À midi, de nombreux restaurants proposent un plat du jour (*dagschotel* en flamand). Consultez également les menus du jour (*dagmenu*), qui comprennent généralement trois plats ou plus. Si certaines cuisines allument les fourneaux dès 18h pour le dîner, la plupart des tables s'animent quelques heures plus tard.

Si la Belgique a un plat national, c'est incontestablement les moules marinières (*mosselen*), servies en cassolettes, à déguster avec les doigts en s'aidant d'une coquille. Pour tout savoir sur ces mollusques tant appréciés, voir p. 95. Quant aux frites (*frieten*), elles sont omniprésentes. Elles accompagnent évidemment les moules et la plupart des plats, et comblent les petits creux à toute heure. Voir p. 69.

Parmi les autres plats régionaux qui arrivent en tête d'affiche sur les tables, citons les croquettes aux crevettes, le matoufet en Wallonie (une sorte de pain perdu, avec du lard, mangé à la bonne franquette), le filet américain, le waterzoï (un plat originaire de Gand), et plusieurs ragoûts de viandes comme la carbonade flamande (à la bière) et le hochepot des Flandres (voir aussi l'encadré ci-contre).

La plupart des restaurants, quelle que soit leur catégorie, proposent au moins un plat végétarien ; les végétaliens auront en revanche du mal à trouver leur bonheur. Les salades et les soupes contiennent souvent de la viande ou du poulet, vérifiez avant de passer commande. Les restaurants exclusivement végétariens sont rares – ils sont signalés par le pictogramme (V) dans ce guide.

Si vous désirez un repas rapide, sain et bon marché, tournez-vous vers les nouvelles chaînes de restauration qui servent salades fraîches, sandwichs, légumes, soupes (avec parfois des bouillons sans viande), quiches et tartes chaudes. Voir p. 96.

Côté sucré, vous dégusterez des gaufres (p. 51), des biscuits (p. 49), comme le palet de dame (un gateau au rhum recouvert de fondant blanc, originaire de Flandre), et bien sûr, du chocolat – voir p. 14 et p. 172.

Comme on peut s'y attendre, toutes les cuisines de la planète sont présentes à Bruxelles ; Bruges, Anvers et Gand donnent ainsi l'occasion d'effectuer de beaux voyages culinaires.

En prévision des sorties au restaurant avec des enfants, voir p. 169.

MENU À LA BELGE

Les plats suivants sont servis dans beaucoup de restaurants en Flandre.

> Bloedworst – boudin noir à base de sang de porc, traditionnellement servi avec une sauce aux pommes
> Breugel Kop – morceaux de bœuf et de langue en gelée
> Filet américain – steak tartare
> Konijn met pruimen – lapin aux pruneaux
> Paardefilet – steack de cheval
> Paling in 't groen – anguilles au vert (aux épinards)
> Stoemp – purée de pommes de terre et saucisse
> Waterzooi – ragoût de poulet à la crème, originaire de Gand. Parmi les variantes régionales, citons l'Oostendse Waterzooi, un plat de poisson servi à Ostende (p. 108), sur la côte.

Ci-dessus Pause à L'Ultime Atome (p. 80), à Bruxelles

CINÉMA

Les Belges aiment le 7e art. Pourtant, en comparaison à d'autres formes artistiques, l'industrie cinématographique bénéficie d'assez peu de fonds. Seuls deux films belges grand public sortent en moyenne chaque année, auxquels s'ajoutent de petites productions indépendantes aux budgets plus limités. Les réalisateurs belges n'en sont pas moins renommés au plan international. Citons Chantal Akerman (*Toute une nuit*), Luc et Jean-Pierre Dardenne, deux fois lauréats de la Palme d'Or à Cannes pour *Rosetta* (1999) et *L'Enfant* (2005), le controversé Jan Bucquoy (auteur notamment de *La Vie sexuelle des Belges*) ou Jaco Van Dormael (*Toto le héros*). Pour une authentique tranche de vie anversoise, découvrez *Anyway the Wind Blows* (2003), de Tom Barman (chanteur du groupe dEUS), qui suit les parcours entremêlés de huit personnages et se conclut par une grande fête. Sorti sur les écrans en 2008, *Bons baisers de Bruges* (p. 101) est un comédie britannique qui met la cité brugeoise à l'honneur. Les acteurs belges se sont aussi taillé une belle réputation à l'étranger, et le public (français) en oublie parfois qu'ils sont belges, comme Natacha Régnier ou Benoît Poelvoorde. Certains atteignent l'envergure de véritables stars telles le "Monsieur Muscle" local, Jean-Claude Van Damme. Parmi les étoiles nationales, citons Vincent Grass, Natacha Amal et Matthias Schoenaerts.

Quelques merveilleuses salles de cinéma à l'ancienne restent en activité (voir *Sortir* pour chaque ville) et le musée du Cinéma de Bruxelles (p. 63) organise des projections de films muets accompagnées par un pianiste. Des festivals de cinéma sont aussi organisés chaque année (p. 25).

ARTS VIVANTS

Sachant que c'est un opéra qui fut à l'origine de la révolte pour l'indépendance de la Belgique (voir p. 177), il n'y a rien d'étonnant à ce que les arts vivants bénéficient d'un intérêt prononcé dans tout le pays.

Bruxelles possède des dizaines d'établissements splendides (voir les rubriques *Sortir* de Bruxelles p. 53, p. 63, p. 73, p. 81, p. 87 et p. 97), et les autres villes du pays ne sont pas en reste. Bruges s'enorgueillit d'une salle extraordinaire, le Concertgebouw (p. 115) et Anvers compte sur sa propre compagnie d'opéra, le Koninklijke Vlaamse Opera (p. 140). Anvers héberge également la Compagnie royale de ballet classique, le Koninklijk Ballet van Vlaanderen (p. 140). Un spectacle à l'opéra de Gand (p. 155), construit en 1840, est une expérience mémorable. Il existe aussi de charmants théâtres de marionnettes traditionnelles, notamment le Théâtre royal de Toone (p. 55).

Assistez à des représentations de théâtre expérimental (en français, en flamand et parfois en anglais) ainsi qu'à des spectacles de danse contemporaine avant-gardistes, avec des compagnies comme **Rosas** (www.rosas.be), créée par Anna Teresa de Keersmaeker, et **Ultima Vez** (www.ultimavez.com).

Pour plus de détails sur le calendrier des spectacles, consultez les revues et les sites Internet mentionnés p. 25. Le site international www.whatsonwhen.com (en anglais) répertorie les lieux et les événements partout en Belgique.

En général, les billets peuvent être achetés directement sur place ou à la **Fnac de Bruxelles** (carte p. 42, D2 ; ☎ 02 211 40 60 ; www.fnac.be ; City 2), d'**Anvers** (carte p. 120, C4 ; ☎ billetterie 0900 006 00 ; centre commercial Grand Bazar) ou de **Gand** (carte p. 143, C3 ; ☎ 09 223 40 80 ; Veldstraat 88). Pour beaucoup d'événements, les billets sont disponibles via www.tickets.com. La plupart des salles de spectacle ferment en juillet-août.

À gauche Prolongez la séance en flânant dans le cadre Art déco du cinéma Arenberg (p. 53), à Bruxelles

PARCS ET JARDINS

Non contents d'offrir une bouffée d'air pur, les parc et jardins sont souvent des oasis d'art, d'histoire et de culture.

Bruxelles est sans doute plus verte que vous ne l'imaginez. Le parc le plus fréquenté du centre-ville est le parc de Bruxelles (p. 56), où l'on vient déjeuner, faire un jogging ou promener ses enfants. À l'ombre du palais Royal et du palais de la Nation, ce joli parc dessiné au XVIIIe siècle fut le théâtre de sanglants combats qui précédèrent l'indépendance de la Belgique en 1830. À côté du quartier de l'Europe, le vaste parc du Cinquantenaire (p. 64) est bordé de musées. À l'extrémité sud de la ville, le bois de la Cambre (p. 76) s'étend jusqu'à la forêt de Soignes, tandis qu'au nord-ouest de la capitale, le parc de Laeken (p. 91), planté de châtaigniers et de magnolias, court jusqu'à l'Atomium. Retrouvez la liste de tous les parcs de la région de Bruxelles sur le site www.ecli.net/rbc.

Bruges possède quelques beaux parcs en bordure des canaux ; l'un d'eux est joliment ponctué de moulins à vent (p. 106).

Le principal espace vert d'**Anvers** est le Stadspark (carte p. 120, F6), de forme triangulaire. La rive ouest de la rivière est également doté d'un paisible parc (voir p. 127).

À **Gand**, le Citadelpark est situé entre la gare Gent-St-Pieters et l'université ; ce parc verdoyant renferme le Museum voor Schone Kunsten (p. 144) et le fantastique Stedelijk Museum voor Actuele Kunst (SMAK, p. 146).

Ci-dessus Partie de cache-cache au parc du Cinquantenaire (p. 64), à Bruxelles

SPÉCIAL ENFANTS

Certes les boutiques de chocolat ou le musée de la BD s'adressent avant tout aux adultes, mais il est certain que les enfants auront plaisir à visiter ces quatre cités. Il est on ne peut plus simple de voyager entre les villes, d'autant qu'en train, les trajets débutant après 9h sont gratuits pour les enfants de moins de 12 ans accompagnés d'un adulte.

Beaucoup de chambres d'hôtes et d'hôtels disposent de lits pour enfants (généralement loués autour de 15 €), mais mieux vaut les réserver avant d'arriver. Les poussettes ne sont pas forcément d'un grand secours, car il vous faudra descendre et monter d'innombrables escaliers et manœuvrer dans les rues pavées et sur les trottoirs étroits.

Dîner avec des enfants ne devrait pas créer de difficulté, même dans les grands restaurants. Les petits Belges sont plutôt calmes dans l'ensemble et on attendra de votre progéniture un comportement similaire. Les restaurants prêtent généralement des chaises hautes et proposent parfois un menu enfant, mais mieux vaut vous renseigner à l'avance (même si les choses finissent toujours par s'arranger). Les petits quémanderont sans doute des frites et des gaufres à longueur de journée, mais au moins ils n'auront pas faim.

Et pour en revenir aux BD et aux chocolats, nul doute qu'ils feront aussi le bonheur des enfants !

QUAND IL PLEUT

> Musée Scientastic, Bruxelles (p. 47)
> Aquatopia, Anvers (p. 119)
> Théâtre royal de Toone, Bruxelles (p. 55)

AU GRAND AIR AVEC DES ENFANTS

> Balade à vélo, toutes les villes (p. 21)
> Plopsaland, près de Bruges (p. 108)
> Mini-Europe, Bruxelles (p. 91)
> Zoo d'Anvers, Anvers (p. 119)

VIE NOCTURNE

Que vous ayez envie de musique douce, d'un DJ branché ou d'une folle piste de danse, vous trouverez votre bonheur dans chacune des villes. Certes il n'y a pas de discothèques à Bruges, mais la cité accueille des DJ et des concerts.

Le jazz est de loin la musique la plus jouée en live, et chaque ville réserve son lot de scènes intéressantes – voir p. 23. À Bruxelles, consultez le programme de **Jazzolive** (www.jazzolive.be). Le blues répond à l'appel, en particulier dans des lieux spécialisés comme Le Bizon (p. 98), à Bruxelles. Les occasions d'écouter du rock sont plus rares, tandis que les musiques du monde gagnent constamment du terrain grâce au caractère multiculturel des villes. Les meilleurs festivals de musique sont répertoriés dans *Agenda* p. 25.

Pour vous enquérir des soirées spéciales, glanez des flyers dans les magasins de musique, les boutiques de street wear, les bars et les cafés. Sur Internet, consultez www.noctis.com pour les soirées funk, électro, house et les clubs ; www.net events.be est un site d'information générale sur la vie nocturne et www.bulexasbl.be annonce les soirées underground à Bruxelles. Les discothèques s'animent autour de minuit et restent ouvertes jusqu'à 5h ou plus, en particulier le week-end.

JAZZ À TOUS LES ÉTAGES

- > De Muze, Anvers (p. 138)
- > Sounds Jazz Club, Bruxelles (p. 81)
- > L'Archiduc, Bruxelles (p. 98)
- > Hotsy Totsy, Gand (p. 154)

DISCOTHÈQUES LES PLUS HOT

- > Culture Club, Gand (p. 154)
- > Dirty Dancing@Mirano, Bruxelles (p. 70)
- > Café d'Anvers, Anvers (p. 137)
- > Fuse, Bruxelles (p. 87)

GAY ET LESBIEN

Bruxelles et Anvers sont les villes belges qui ont le plus de succès auprès des voyageurs homosexuels, grâce aux soirées fréquentes et aux clubs à l'ambiance palpitante. Tous les mois, la légendaire soirée **La Démence** (www.lademence.com ; p. 87) attire à Bruxelles des beaux garçons venus de toute l'Europe. Beaucoup logent au **Royal Windsor Hôtel** (www.warwickhotels.com), un établissement cinq-étoiles ultra-mode. Le **Festival du film gay et lesbien de Bruxelles** (www.fglb.org) se déroule fin janvier, et la Gay & Lesbian Pride (p. 27) investit les rues de la capitale en mai.

À **Bruxelles,** les établissements gays et lesbiens se trouvent autour de la rue du Marché au Charbon, de la rue des Pierres et de la rue de la Fourche, en plein centre-ville. À **Anvers**, les adresses de la communauté homosexuelle (notamment le chic Red & Blue, p. 140) sont disséminées à travers la ville ; elles sont indiquées sur le plan *Gay Antwerpen* distribué gratuitement à l'office du tourisme. À **Gand**, les adresses sont également dispersées et il faut se procurer le plan gratuit *Gent Holebi* à la Casa Rosa (p. 152), ou acheter la brochure bimensuelle *Zizo* (3,75 € ; en flamand mais facile d'accès). Cette dernière est publiée par **Holebifoon** (☎ 0800 99 533 ; www.holebifoon, en flamand) et répertorie des dizaines d'adresses à Bruxelles, Bruges, Anvers et Gand. **Bruges** ne possède aucune adresse spécifiquement gay ou lesbienne, mais l'office du tourisme dispose d'une liste des établissements où la communauté homosexuelle est bienvenue. Pour plus d'adresses, voir également les rubriques Prendre un verre et Sortir de chacune des villes.

La Belgique est progressiste en matière de droit des couples homosexuels (voir p. 182) et prendre une chambre à l'hôtel ne pose jamais de problème.

À gauche Soir de concert

SHOPPING

La bière et le chocolat sont les cadeaux les plus faciles à rapporter de Bruxelles, Bruges, Anvers et Gand, et toutes ces villes offrent un large choix de boutiques spécialisées. Autres suggestions : la dentelle artisanale (p. 109), les créations de stylistes belges (p. 18), les BD (p. 16), un diamant (p. 24) et les antiquités chinées chez les brocanteurs ou sur les foires (p. 22). Les marchés des différentes villes sont également l'occasion d'acheter vêtements, disques et bibelots, tandis que les marchés de Noël (p. 22) débordent de jouets colorés, d'articles pour la maison et de décorations.

Pensez aussi à rapporter de l'Élixir d'Anvers (p. 135), une liqueur à base de plantes, des biscuits bruxellois (p. 49), des bonbons traditionnels (p. 147) ou encore de la moutarde de Gand (p. 148).

Les fanatiques de shopping feront coïncider leur séjour avec les soldes, qui commencent la première semaine de janvier et la première semaine de juillet, avec des réductions atteignant parfois 70%.

Voir aussi p. 205 pour un rappel des heures d'ouverture et p. 206 pour la liste des jours fériés.

CHOCOLATIERS LES PLUS ALLÉCHANTS

> Del Rey, Anvers (p. 128)
> Pierre Marcolini, Bruxelles (p. 62)
> Chocolate Line, Bruges (p. 107)
> Wittamer, Bruxelles (p. 62)

LES MEILLEURES BOUTIQUES DE BIÈRE

> 2BE, Bruges (p. 107)
> Beermania, Bruxelles (p. 78)
> De Biertempel, Bruxelles (p. 48)

Ci-dessus Lèche-vitrine dans les galeries royales Saint-Hubert (p. 48), à Bruxelles

> HIER ET AUJOURD'HUI

Jeux de lumières dans le quartier de l'Union européenne, à Bruxelles

HIER ET AUJOURD'HUI

HISTOIRE

Les divisions linguistiques et culturelles du pays remontent à ses origines, ou presque : une première fêlure apparut à la fin de l'Empire romain, et se cristallisa des siècles plus tard avec la formation de l'État belge en 1831. La première Constitution du pays fut alors rédigée en français, la langue officielle à l'époque, par l'élite au pouvoir. Il fallut attendre 1898 pour que le néerlandais (appelé localement "nederlands" ou "vlaams", ce qui signifie flamand) soit reconnu comme seconde langue, et 30 ans de plus avant qu'il soit utilisé à l'école. La Constitution ne fut rédigée en néerlandais qu'en 1967 (aujourd'hui encore, le français reste la langue des classes sociales les plus privilégiées de Flandre), et les questions de dévolution des pouvoirs politiques de l'État fédéral aux régions restent sans réponse.

LES ORIGINES

Environ 200 ans avant notre ère, le territoire de la Belgique actuelle était habité par des tribus celtes et germaniques. Dès 57 av. J.-C., les Romains furent les premiers d'une longue série d'envahisseurs. Jules César mentionne les Belgae pendant sa conquête de la Gaule – lorsque le pays se chercha un nom après l'indépendance en 1831, il reprit ce terme. La région devint province romaine sous le nom de Gallia Belgica.

Au Ve siècle, avec l'effondrement de l'empire romain, les Francs prirent le contrôle de la région. Cette nouvelle tutelle est à l'origine de la division linguistique actuelle de la Belgique – le Nord adopta la langue germanique alors que le Sud gardait ses racines latines.

L'ÂGE D'OR DES QUATRE CITÉS

Au IXe et Xe siècles, les domaines féodaux dominés par les comtes de Flandre prirent de l'ampleur pour se défendre des raids vikings. L'un d'entre eux, Baudouin Ier Bras de Fer, s'illustra en enlevant la fille du roi de France pour l'épouser et en élevant une forteresse à Gand en 867. Au cours des cinq siècles qui suivirent, ses successeurs étendirent le territoire et l'influence de la Flandre jusqu'à la Somme, chevauchant ainsi une partie de la Belgique, de la France et des Pays-Bas actuels.

Les premières villes apparurent avec le déclin de la féodalité. La Flandre, productrice d'étoffes depuis le Xe siècle, prit son essor avec l'épanouissement de villes comme Bruges et Gand aux XIIe et XIIIe siècles. Les navires marchands venus de toute l'Europe mouillaient à Bruges pour échanger du fromage, de la laine, du plomb et de l'étain contre les draps flamands. Du charbon venait d'Angleterre, des cochons du Danemark, du vin d'Espagne, des soies et des épices orientales de Venise et de Gênes, et des fourrures des lointaines Russie et Bulgarie.

Les tisseurs flamands dépendaient de la laine de haute qualité produite par l'Angleterre, ils se rangèrent donc naturellement dans son camp lors des conflits qui opposèrent ce royaume à la France à la fin du XIIIe siècle. Les comtes locaux, vassaux du roi français, firent appel à l'armée française. La situation culmina en 1302 lors d'une confrontation sanglante appelée Brugse Metten et, quelques mois plus tard, avec la bataille des Éperons d'or, où l'armée de Philippe le Bel se fit battre par les milices communales de Flandre.

Au XIVe siècle, Bruxelles, Bruges et Gand connurent une grande prospérité. En 1340, Gand était la deuxième plus grande ville d'Europe après Paris.

De profonds changements culturels eurent lieu sous le règne des ducs de Bourgogne. Philipe le Bon (règne 1419-1467), installé à Bruxelles, dont l'empire s'étendait sur la région bourguignonne de l'est de la France et sur la plus grande partie de la Belgique et des Pays-Bas actuels, gagna le titre de Conditor Belgii (fondateur de la Belgique). C'est à cet homme, le plus riche d'Europe à l'époque, que l'on doit la magnifique Grand-Place de Bruxelles, flanquée de ses maisons des corporations magnifiquement décorées.

Les changements furent encore plus profonds sous Charles Quint, né à Gand en 1500. Duc de Brabant à 15 ans, il régnait sur les Pays-Bas. L'année suivante, il fut sacré roi d'Espagne puis de Naples, de Sardaigne, de Sicile et des territoires espagnols du Nouveau Monde (Mexique, Pérou et Caraïbes). Il fut couronné roi d'Allemagne, puis empereur du Saint Empire romain germanique en 1519, devenant le souverain le plus puissant d'Europe.

Charles Quint commença son règne à Bruxelles, conseillé par le grand humaniste Érasme. Il passa une grande partie de sa vie à voyager et finit par s'installer en Espagne. Sa sœur, Marie de Hongrie, s'occupa de la région pendant la plus grande partie de son règne, au cours duquel les Pays-Bas connurent une grande prospérité.

Cette période faste ne dura pas. La richesse des cités flamandes déclina, victime de la rivalité des drapiers d'Angleterre et de l'ensablement du Zwin, qui reliait Bruges à la mer du Nord. En outre, Charles Quint préférait la plus fructueuse Anvers aux anciens centres de manufacture de drap. En 1555, las des révoltes, notamment à Gand, et d'une vie de guerres, le roi abdiqua en faveur de son fils Philippe II. Anvers était alors devenue le plus grand port de la région.

LES DIVISIONS RELIGIEUSES

La Réforme protestante se répandit en Europe au cours du règne de Charles Quint ; elle eut notamment d'importantes répercussions aux Pays-Bas. Son successeur, Philippe II, régnait depuis son Espagne natale. Grand défenseur du catholicisme, il fut à l'origine d'une série d'édits contre les réformés et envoya des mercenaires espagnols dans les villes des Pays-Bas. Quand les protestants se révoltèrent en 1566, c'est une armée de 10 000 soldats qui vint mater la rébellion.

Les années troublées qui suivirent – la révolte des Pays-Bas – virent se dessiner l'esquisse des frontières actuelles de la Belgique, du Luxembourg et des Pays-Bas. Ces derniers chassèrent les Espagnols, alors que les Pays-Bas espagnols (soit la Belgique et le Luxembourg actuels) restaient sous le contrôle de la Couronne espagnole.

En 1585, Bruxelles fut proclamée capitale des Pays-Bas espagnols et des milliers de protestants durent s'exiler vers les Pays-Bas.

En 1598, Philippe II céda les Pays-Bas espagnols à sa fille, l'infante Isabelle, et à son mari l'archiduc Albert d'Autriche. Leur règne flamboyant, qui dura 40 ans, vit la naissance de nouvelles industries comme celle de la dentelle et de la transformation du diamant. Cette brève explosion économique dynamisa la vie culturelle à Bruxelles et à Anvers, et permit l'épanouissement de grands peintres comme Pierre Paul Rubens.

L'âge d'or d'Anvers tourna court avec le traité de Westphalie, en 1648, qui interdisait une partie de l'Escaut à tous les navires non néerlandais.

De nombreux ouvriers qualifiés quittèrent alors les Pays-Bas espagnols, qui plongèrent dans le marasme. Pendant ce temps, l'ordre jésuite, nouvellement créé, œuvra à la Contre-Réforme ; la construction d'églises où s'épanouit l'art baroque se multiplia dans la région, symboles de la puissance de la primauté du catholicisme.

Les ambitions françaises de domination de l'Europe provoquèrent de nombreuses guerres dans cette zone-tampon. Les combats culminèrent avec la Guerre de la succession d'Espagne (1701-1713), qui vit les Pays-Bas espagnols passer entre les mains des Autrichiens.

LES RACINES DU BENELUX

Les puissants Habsbourgs d'Autriche régnèrent de 1713 à 1794. Si Bruxelles était le siège du pouvoir central, les Autrichiens laissaient au pays un grand degré d'indépendance.

En 1794, les Français reprirent la région, absorbée par la France l'année suivante. Les lois révolutionnaires réprimaient l'Église catholique (de nombreuses églises furent pillées et des monastères fermés) et imposèrent la conscription, hautement impopulaire.

En 1815, la bataille de Waterloo qui vit la défaite de Napoléon Ier constitua un tournant majeur pour la région. Le congrès de Vienne consacra la naissance du Royaume-Uni des Pays-Bas, comprenant les Pays-Bas, la Belgique, et le Luxembourg – précurseur des alliances économiques et politiques d'aujourd'hui (la candidature du Benelux pour la Coupe du monde de football en 2018 est un exemple de coopération de ces trois nations).

Le Royaume-Uni des Pays-Bas fut créé principalement pour préserver l'équilibre des pouvoirs en Europe, en passant outre le fait qu'il forçait des peuples aux religions et aux coutumes différentes à vivre ensemble.

Guillaume d'Orange-Nassau (1772-1843), couronné à Bruxelles sous le nom de Guillaume Ier, partageait son temps entre Bruxelles et la nouvelle capitale jumelle du royaume, La Haye. Mais son refus d'accorder au sud de la Belgique une représentation politique équitable, ainsi que sa tentative d'imposer le néerlandais comme langue officielle, lui valut de nombreux ennemis. Cette initiative mécontenta non seulement les Wallons francophones du sud de la Belgique, mais aussi les néerlandophones qui considéraient leur langue comme différente de celle des Pays-Bas (voir aussi p. 203).

La révolution belge commença de façon spectaculaire à Bruxelles, le 25 août 1830, lors d'un opéra qui évoquait la révolte de Naples contre les Espagnols deux siècles auparavant ; le public, principalement bourgeois, se joignit aux ouvriers qui manifestaient contre les souverains néerlandais. La foule envahit l'hôtel de ville. Une nouvelle nation allait naître.

L'INDÉPENDANCE BELGE

La Belgique fut officiellement reconnue comme État indépendant et neutre, lors de la conférence de Londres en janvier 1831. Cette monarchie constitutionnelle dut se choisir un roi le 21 juillet 1831 : Léopold de Saxe-Cobourg Gotha (oncle de la future reine d'Angleterre Victoria) devint le roi Léopold Ier de Belgique. La date de son couronnement est aujourd'hui la fête nationale. Le monarque supervisa en particulier la révolution industrielle en Wallonie, où les mines de charbon et la sidérurgie prirent leur essor. Les années suivantes virent la naissance du nationalisme flamand, et des tensions croissantes entre néerlandophones et francophones qui allaient se solder par la partition linguistique.

Léopold II (règne 1865-1909) accéda au trône à la mort de son père. Il voulut faire de son pays une nation puissante par le biais notamment des conquêtes coloniales. En 1885, il acquit personnellement une grande partie du centre de l'Afrique – une zone soixante-dix fois plus grande que la Belgique –, correspondant à l'actuel Congo. Au cours des 25 années qui suivirent, des millions d'Africains moururent d'atrocités perpétrées lors de la colonisation belge. Le roi fut dépouillé de ses possessions en 1908, mais la Belgique se maintint au Congo jusqu'en 1960.

DES DEUX GUERRES MONDIALES À NOS JOURS

En 1914, l'Allemagne viola la neutralité belge et occupa le pays. En 1919, le traité de Versailles abolit le statut de neutralité de la Belgique, à qui l'Allemagne versa des réparations. En 1934, le neveu et successeur de Léopold II, Albert Ier (règne 1909-1934) mourut lors d'un accident d'escalade ; son fils, Léopold III (règne 1934-1951) lui succéda.

En 1940, les Allemands lancèrent une attaque aérienne sur les Pays-Bas, la Belgique et le Luxembourg, et il ne fallut que huit jours pour que la Belgique soit occupée et se rende. Le gouvernement, opposé à la reddition du roi, s'enfuit à Londres où il resta en exil pendant toute la guerre. La Belgique et le Luxembourg furent libérés en septembre 1944.

Après le conflit, l'attitude du roi Léopold III pendant la guerre provoqua une crise constitutionnelle. En 1951, sous la pression des socialistes wallons, il abdiqua en faveur de son fils Baudouin Ier (règne 1951-1993), qui parvint à réconcilier le pays. Son traitement équitable des Flamands et des Wallons lui valut le respect des deux camps. Lorsqu'il mourut en 1993, son plus jeune frère, Albert II (né en 1934), lui succéda.

La Belgique joua un rôle politique international après la Seconde Guerre mondiale. En 1958, Bruxelles devint le siège provisoire de la Commission européenne et du Conseil des ministres, l'exécutif et le corps décisionnaire de l'UE actuelle. En 1967, l'Organisation du traité de l'Atlantique nord (Otan) quitta la France pour Bruxelles l'année suivant le retrait français de l'aile armée de l'Otan. Un nouveau QG de l'Otan doit être achevé à la lisière nord-est de la capitale en 2009.

VIE POLITIQUE

On dit en Belgique que vous avez plus de chance de devenir ministre que de gagner au Loto, et statistiquement c'est sans doute vrai. En 1993, le gouvernement fut décentralisé. Trois gouvernements régionaux, représentant la Flandre, la Wallonie et la région de Bruxelles-Capitale, furent constitués en accord avec les demandes des communautés en termes d'autonomie linguistique, territoriale et culturelle. Malgré sa population réduite (et tout en étant une monarchie constitutionnelle héréditaire), la Belgique ne compte pas moins de six gouvernements et six parlements, ainsi que des divisions communautaires fédérales, régionales et linguistiques. Les régions sont responsables des affaires territoriales, comme les routes et les infrastructures, les communautés linguistiques s'occupent de domaines comme l'éducation, et le gouvernement fédéral est responsable de la défense, des finances et de la justice. Le vote est obligatoire pour tous les citoyens belges.

Les régions sont des entités distinctes. L'économie de la Wallonie s'est développée grâce aux industries de l'acier et du minerai de fer jusqu'à leur effondrement dans les années 1970, et la Flandre connaît un essor dynamisé par l'informatique et le tourisme. Ce phénomène explique en grande partie les appels à la séparation de la Wallonie et de la Flandre. Certains, en Flandre, estiment que leurs impôts essuient les déficits économiques de la Wallonie (les impôts sont un sujet sensible en Belgique, où ils sont parmi les plus élevés du monde). Pourtant, la tendance pourrait s'inverser pour deux raisons conjoncturelles : les personnes âgées sont plus nombreuses en Flandre qu'en Wallonie ; cette dernière, par ailleurs, se rattrape dans le domaine technologique.

LES COALITIONS AU POUVOIR

Outre de nombreux parlements, la Belgique compte aussi moult partis politiques (avec des versions en néerlandais et en français). Trop petits pour gouverner, ils s'associent pour former des coalitions. La Belgique a longtemps été dirigée par les chrétiens-démocrates à la tête d'une coalition en perpétuel changement. En 1999, les électeurs ont choisi une coalition inhabituelle de libéraux, socialistes et verts, menée par Guy Verhofstadt, premier Premier ministre libéral depuis 50 ans.

Cette coalition des socialistes et des libéraux fut renouvelée en 2003, avec Verhofstadt à sa tête. Parmi les nombreux partis plus petits, figurait celui d'extrême droite, le Vlaams Blok. Il remporta 20% des suffrages en Flandre et 10% des voix lors des élections nationales de 2003, avant d'être exclu pour racisme. Le parti se rebaptisa Vlaams Belang, et malgré des soutiens lors d'élections locales en Flandre fin 2006, il enregistra une désertion de 8,5% de son électorat. Il pose un problème aux Flamands qui aspirent à une Flandre indépendante, tout en ne soutenant pas les idéaux du Vlaams Belang. Il déplaît aussi à de nombreux résidents, surtout à Anvers, où se trouve son siège, dont la population craint de donner une image d'intolérance à cause de la publicité autour de ce parti. En réalité, le Vlaams Belang ne représente qu'une minorité extrême, et pour contrer ces perceptions négatives, les habitants ont dressé de nombreux panneaux dans des rues d'Anvers, annonçant : *Zonder Haat Straat* (rue sans haine).

Les divisions linguistiques et culturelles du pays ont atteint un point culminant après les élections nationales de juin 2007. Malgré sa victoire sur la coalition de Verhofstadt, le parti démocrate-chrétien et flamand/nouvelle alliance flamande (CD&V/N-VA), dirigé par le leader de centre droite Yves Leterme, échoua à former un nouveau gouvernement de coalition. Les principaux partis étaient profondément divisés sur les pouvoirs à octroyer aux deux régions. Leterme avait besoin d'au moins trois partenaires de coalition pour une majorité parlementaire, ce qui signifiait qu'il lui fallait le soutien d'opposants linguistiques et idéologiques. Ce soutien lui fit défaut. La Belgique vécut sans gouvernement fédéral pendant six mois.

CRISES

À la mi-décembre 2007, devant l'accumulation des problèmes économiques, notamment la nécessité d'élaborer le budget national, le roi Albert demanda au Premier ministre sortant, Guy Verhofstadt,

ENTRE FICTION ET RÉALITÉ

En décembre 2006, la chaîne publique RTBF interrompit ses émissions. En direct du palais Royal de Bruxelles, un journaliste annonça que la Flandre avait fait sécession et que le roi Albert quittait le pays. Une demi-heure plus tard, les responsables du programme avouèrent qu'il s'agissait d'un canular. Beaucoup de téléspectateurs furent consternés de s'être laissés berner – selon un sondage de la RTBF, 89% d'entre eux avaient cru à la nouvelle. La chaîne déclara qu'elle voulait démontrer l'importance de la continuité du débat politique pour l'avenir de la Belgique. L'échec des élections de 2007 survint six mois plus tard, et le débat est loin d'être clos.

de former un gouvernement de coalition intérimaire jusqu'en mars 2008, date à laquelle les pouvoirs furent transférés à une coalition à plus long terme, dirigée par Yves Leterme, qui commença les négociations sur la décentralisation. Parvenir à un accord sur des changements constitutionnels malgré le fossé linguistique reste un défi majeur.

La circonscription électorale bilingue de Bruxelles-Capitale symbolise cette crise de façon significative. Cette circonscription comprend la ville de Bruxelles, principalement francophone, mais aussi des communes flamandes voisines (néerlandophones). Les partis politiques flamands veulent voir ces zones intégrer les circonscriptions flamandes voisines, et Bruxelles devenir une entité séparée. Les partis francophones, quant à eux, sont formels : conserver le bilinguisme de cette circonscription protège les francophones qui vivent dans les zones flamandes (en sachant que dans l'éventualité d'une division, tout francophone de ces zones se verrait obligé de voter pour un néerlandophone).

L'AVENIR

Malgré l'apparent apaisement politique, la question de la partition de la Belgique est latente. Bruxelles, capitale de l'UE située en Flandre mais rattachée linguistiquement à la Wallonie, est la principale pomme de discorde. L'avenir de la minuscule région germanophone de Belgique est aussi en jeu. Sans oublier que la monarchie belge est parfois mise en question, notamment par certains jeunes (et par les contribuables en général) qui la jugent anachronique.

En cas de division, la Wallonie ne rejoindra sûrement pas la France ni la Flandre les Pays-Bas (malgré un sondage révélant que les Néerlandais verraient favorablement l'intégration de la Flandre). Les deux régions deviendraient sans doute indépendantes, et Bruxelles une cité-État (à la manière de Singapour), peut-être même administrée par l'UE. L'unification économique et juridique permise par l'UE rendrait l'existence de nations si petites plus viable qu'à aucun autre moment de l'histoire moderne.

La plupart des Belges ne veulent pas d'une partition. Outre les liens affectifs, le qualificatif "belge" est devenu une marque de fabrique synonyme de prestige et de qualité. Pour certains, cette réputation serait diminuée si la Flandre et la Wallonie formaient des pays séparés, car leur réputation internationale est bien moins établie.

SOCIÉTÉ ET CULTURE

"Ici rien ne marche, et pourtant ça marche quand même. C'est la Belgique." Ce genre de phrase que vous entendrez dans la bouche des Belges résume l'acceptation, voire la fierté, des habitants à propos de ce qui peut parfois sembler absurde chez eux – comme le fait que le pays ait pu vivre sans gouvernement fédéral pendant six mois sans heurts, par exemple. Vous entendrez aussi : "Il y a toujours une solution." Les Belges ont généralement l'esprit novateur, optimiste et facile à vivre.

Ils s'identifient souvent avant tout comme Wallons (francophones) ou Flamands (néerlandophones). En outre, les quatre villes, mais surtout Bruxelles, Anvers et Gand, sont des points névralgiques du multiculturalisme, dont les populations incluent de nombreuses autres nationalités européennes, des Marocains, des Turcs et des Africains (notamment des immigrants de l'ancien Congo belge).

La religion est présente dans l'identité nationale et la vie quotidienne, y compris la politique et l'éducation. Environ 75% des Belges sont catholiques et, malgré un fort déclin de la fréquentation des églises à la fin du XXe siècle (seuls 3% des Flamands vont chaque semaine à la messe), les traditions persistent. Les communautés protestantes sont aussi très présentes. Anvers abrite la plus grande communauté juive du pays, et les musulmans sont nombreux tant à Bruxelles qu'à Anvers.

En termes de libertés morales, la Belgique occupe la première place. Les couples homosexuels ont le droit de s'y marier depuis 2003 ; ils jouissent des mêmes droits que les hétérosexuels, notamment en ce qui concerne l'héritage et l'adoption (en pratique, cependant, peu de couples homosexuels adoptent des enfants car peu de bébés sont adoptables en Belgique et les autorisations sont difficiles à obtenir à l'étranger). L'euthanasie est par ailleurs légale depuis 2002.

Autre singularité remarquable, la Belgique est d'une simplicité rafraîchissante en termes de sociabilité. Les Belges sont particulièrement

LANGUE, QUAND TU NOUS TIENS...

Bruges, Anvers et Gand, villes flamandes, sont néerlandophones. Il n'est pas toujours bien vu d'y parler français. Si le cœur vous en dit, exprimez-vous en anglais, *lingua franca* internationale couramment utilisée par les visiteurs. À Bruxelles, en revanche, le français domine, alors allez-y, exprimez-vous !

avenants : ne vous étonnez pas de vous faire accoster de manière tout à fait spontanée dans la rue ou à la terrasse d'un café. A contrario, les vendeurs ne vous saluent généralement pas quand vous pénétrez dans un magasins. Ne vous en offusquez pas. Point d'irrespect dans cette coutume bien établie : plus une manière de ne pas avoir l'air de vouloir vendre à tout prix! Vertus particulièrement appréciées, la courtoisie et la modestie sont en effet de mise en Belgique.

Durant votre séjour, la seule (légère) embûche que vous aurez à surmonter est celle de la langue (voir l'encadré page précédente).

FOSSÉS LINGUISTIQUES

La société, la culture et la politique sont profondément marquées par la langue. La décision prise en 1962 de scinder le pays selon les communautés créa les régions de Flandre, de Wallonie et de Bruxelles-capitale. Les 10,5 millions de Belges d'aujourd'hui sont divisés entre la Flandre néerlandophone (Vlaanderen en néerlandais) au nord, avec 60% de la population, la Wallonie francophone au sud avec 27%, et les cantons germanophones de l'Est, qui englobent 13% des habitants. Si Bruxelles est géographiquement en Flandre, malgré un bilinguisme officiel on y parle surtout français.

Lisez aussi l'encadré page précédente et celui de la p. 203 pour apprendre quelques phrases en néerlandais.

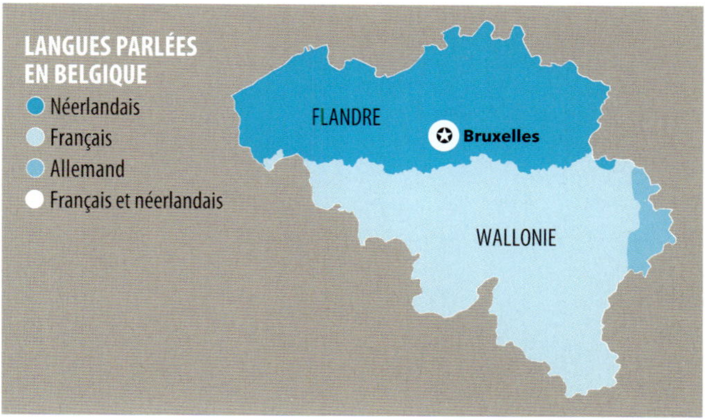

À LIRE

Le Lion des Flandres (*De Leueuw van Vlaanderen* ; Hendrik Conscience, 1838).
Récit épique sur la bataille des Éperons d'or contre la France, qui explique en partie la division d'aujourd'hui.

Le Chagrin des Belges (*Het Verdriet van België* ; Hugo Claus, 1983).
Roman poignant sur la jeunesse par le Flamand Hugo Claus (mort en mars 2008 à Anvers), l'un des grands écrivains contemporains. Il décrit la collaboration pendant la Seconde Guerre mondiale à travers les yeux d'un adolescent.

Les Cités obscures, Brüsel (François Schuiten et Benoît Peeters, Casterman, 1992).
Une bande dessinée aux accents engagés, qui permet de découvrir Bruxelles selon un angle nouveau.

Un géant au plat pays : séjour chez les Belges (Harry Pearson, 1999).
Carnet de voyage hilarant et instructif regorgeant de détails sur les aspects les plus surréalistes de la Belgique.

Tintin : le rêve et la réalité (Michael Farr, 2001).
Les coulisses de Hergé et des aventures de son célèbre reporter.

Qu'est-ce qui fait rire les Belges ? (Antoine de Baeque, Le Panama Editeur, 2007).
Vous vous êtes toujours demandé d'où venaient les blagues belges racontées en France ? Sans doute du sens de l'humour de nos voisins d'outre-Quiévrain. Ce petit livre anthropologique vous en dira plus sur le non-sens et l'ironie qui ont cours en Belgique.

Le surréalisme en Belgique (1924-2000) (Xavier Canonne, Actes Sud, 2007).
L'histoire du mouvement en Belgique et la persistance d'un certain état d'esprit, qui semble caractériser la "belgitude" d'aujourd'hui.

La Belgique dévoilée - Avant-gardes en Belgique 1880-1915
(M. Draguet et H. Hauptman, Cinq Continents, 2007). Une mise en lumière de plusieurs groupes artistiques, des Vingt à celui de la Libre Esthétique.

Grandes bières de Belgique (Michael Jackson, première édition 1998).
La référence pour les bières belges, par Michael Jackson (non, ce n'est pas le chanteur !) considéré comme un spécialiste dans ce domaine.

HÉBERGEMENT

Ces quatre villes possèdent des hébergements de qualité dans toutes les gammes de prix. Ne vous attachez pas trop aux étoiles : dans le Benelux (Belgique, Nederland, Luxembourg), les hôtels sont classés de une à cinq étoiles selon des critères pratiques précis (ascenseur, service dans les chambres, etc.), qui ne rendent pas forcément compte de l'ambiance, de la qualité, de l'emplacement ou du prix.

À **Bruxelles**, on dénombre pas moins de 14 000 chambres d'hôtel. La plupart sont occupées en semaine par des fonctionnaires de l'UE et des touristes d'affaires ; de fait, les visiteurs profitent souvent de réductions intéressantes, en particulier le week-end. Les hôtels de catégorie supérieure facturent en général un supplément pour le petit-déjeuner pendant le week-end, mais ils proposent de copieux buffets. Certains établissements de catégories moyenne ou supérieure baissent leurs tarifs pendant les vacances d'été (de mi-juillet à mi-septembre).

Bruxelles dispose d'un nombre croissant de chambres d'hôtes (B&B, ou *gastenkamers* en flamand). Beaucoup peuvent être réservées par l'intermédiaire de **Bed&Brussels** (www.bnb-brussels.be), qui offre divers forfaits.

La capitale compte en revanche relativement peu d'auberges de jeunesse HI (Hostelling International, voir le site www.hihostels.com).

Bruxelles est une ville compacte : où que vous logiez dans le centre, vous ne serez jamais loin de l'animation. Les réservations peuvent se faire via l'office du tourisme de Bruxelles (p. 207), sur le site www.brures.be ou par l'intermédiaire du service de réservation **Resotel** (www.belgiumhospitality.com).

À **Bruges**, la situation est diamétralement opposée : les hôtels sont bondés et les prix tendent à augmenter le week-end. Réservez longtemps à l'avance pour la saison haute (de Pâques à fin octobre) et pour le mois de décembre et ses marchés de Noël. De plus en plus de chambres d'hôtes (B&B) voient le jour à Bruges, qui compte par ailleurs plus d'auberges de jeunesse que Bruxelles. L'office du tourisme (p. 207) effectue les réservations gratuitement.

Anvers, fidèle à son image élégante, possède de nombreux B&B de charme ; consultez le site www.gastenkamersantwerpen.be. Les auberges de jeunesse sont excellentes. Les hôtels accordent souvent des réductions, notamment pour des séjours de dernière minute qui peuvent être réservés en passant par l'office du tourisme (p. 207).

L'offre d'hébergement est en revanche plus restreinte à **Gand**, en particulier pour les voyageurs à petit budget (la ville compte une seule auberge). Cependant, d'excellents B&B sont gérés par **Bed & Breakfast Ghent** (www.bedandbreakfast-gent.be). Réservez au moins un mois à l'avance si vous voulez assister aux Gentse Feesten (p. 29). L'office du tourisme (p. 207) peut vous aider à trouver une chambre.

Nous indiquons ci-dessous une sélection d'adresses dans les quatre villes.

SE LOGER À BRUXELLES

CATÉGORIE LUXE

CONRAD

☎ 02 542 42 42 🖳 www.conradhotels.com ✉ av. Louise 71, Ixelles Ⓜ Louise ✕ ♿ bon

Les accros du shopping ne trouveront pas meilleure adresse à Bruxelles que ce somptueux hôtel de la chaîne Hilton.

HÔTEL AMIGO

☎ 02 547 47 47 🖳 www.hotelamigo.com ✉ rue de l'Amigo 1-3, Ville basse Ⓜ Gare Centrale Bourse ✕ ♿ bon

De loin la meilleure adresse de Bruxelles, cet hôtel restauré il y a quelques années jouxte la Grand-Place. Son service, son décor tendance et ses détails soignés (des gravures de René Magritte et des reproductions de Tintin) le démarquent de ses concurrents.

HÔTEL MÉTROPOLE

☎ 02 217 23 00 🖳 www.metropolehotel.com ✉ place de Brouckère 31, Ville basse Ⓜ De Brouckère ✕ ♿ bon

Le Métropole, l'hôtel le plus vieux de la ville, a fêté ses 110 ans en 2005. Il marie de nombreux styles : Renaissance française pour le hall, Empire pour la réception et Art déco dans quelques chambres.

STANHOPE

☎ 02 506 91 11 🖳 www.stanhope.be ✉ rue du Commerce 9, Ville haute Ⓜ Trône ✕ ♿ bon

À l'instar du quartier, cet hôtel *so british* fait dans la sobriété. Constitué à l'origine de trois hôtels particuliers, l'hôtel s'est agrandi, mais les chambres anciennes ont plus de charme que les nouvelles, résolument tournées vers le XXIe siècle. La clientèle rassemble quelques personnalités, mais l'ambiance reste décontractée.

CATÉGORIE SUPÉRIEURE

HÔTEL ASTORIA

☎ 02 227 05 05 ✉ rue Royale 103, Ville haute Ⓜ Botanique ♿ correct

Avec une élégance typique du début du XXe siècle, la majesté de cet hôtel construit en 1909 frappe dès l'entrée : les vitraux et le plafond de verre Art déco sont éblouissants. L'Astoria est classé monument historique, mais à l'éclat du passé il ajoute tout le confort moderne, dont le Wi-Fi !

HÔTEL LE DIXSEPTIÈME

☎ 02 517 17 17 💻 www.ledixseptieme.be ✉ rue de la Madeleine 25, Ville basse Ⓜ Gare Centrale
Situé dans la première rue pavée de Bruxelles, près de la Grand-Place, ce magnifique hôtel occupe, en partie, un édifice datant du XIVe siècle. Magnifiquement rénovées, les 12 chambres qui donnent sur la façade avant sont enchanteresses.

HÔTEL LE PLAZA

☎ 02 278 01 00 💻 www.leplaza-brussels.be ✉ bd Adolphe Max 118-126 Ⓜ Rogier ♿ bon
Récemment restauré, l'hôtel attire des stars qui savent qu'elles seront reçues ici dans les formes. Spacieuses, les chambres dites standard sont superbes, mais celles de luxe rénovées permettent un *check out* (départ de la chambre) plus tardif et incluent un somptueux petit-déjeuner. Lunettes de stars et réservation sous pseudonyme sont de rigueur !

HÔTEL MANOS PREMIER

☎ 02 537 96 82 💻 www.manoshotel.com/premier ✉ chaussée de Charleroi 100-106, Saint-Gilles Ⓜ Louise
Grand frère cinq-étoiles du Manos Stéphanie (ci-dessous), le Manos Premier est encore plus attrayant et reposant. Avec seulement 35 chambres de charme et 15 suites, agrémentées de meubles Louis XV et Louis XVI, c'est une adresse intime, dotée d'un ravissant jardin, d'un hammam et d'un restaurant français raffiné, le Kolya.

HÔTEL MANOS STÉPHANIE

☎ 02 539 02 50 💻 www.manoshotel.com/stephanie ✉ Chaussée de Charleroi 28, Saint-Gilles Ⓜ Louise
À proximité des boutiques de luxe de l'avenue Louise, cette adresse semble posséder plus de miroirs, de tableaux et d'antiquités que le musée de l'Ermitage ! L'étonnement passé, on découvre un hôtel bien tenu, convivial et, surtout, avec du charme à revendre.

HÔTEL DU GRAND SABLON

☎ 02 518 11 00 💻 www.nh-hotels.com ✉ Rue Bodenbroek 2-4, Sablon Ⓜ Porte de Namur
Cet hôtel accueillant et élégant de 6 étages est situé sur la place du Grand Sablon, où se retrouvent amateurs d'antiquités, mordus de chocolats et habitués des cafés.

Les chambres, toutes très belles, sont équipées d'un accès Wi-Fi. Quatre étages sont non-fumeurs.

HÔTEL AVENUE LOUISE

☎ 02 535 95 00 ✉ Rue Blanche 4-6, Ixelles Ⓜ Louise
En raison de son emplacement, cet hôtel attire en semaine une clientèle d'affaires. Le week-end, les tarifs baissent, l'atmosphère est plus détendue et la clientèle se fait plus touristique. Les chambres sont très confortables.

ROYAL WINDSOR HOTEL

☎ 02 505 55 55 www.royalwindsorbrussels.com ✉ rue Duquesnoy 5, Grand-Place, Ville basse
Ⓜ Gare Centrale ♿ bon
Malgré une apparence vieillotte, cet hôtel de 6 étages (dont 3 sont non-fumeurs) est situé près de la Grand-Place. Ses chambres standard, au style contemporain, sont d'un bon rapport qualité/prix. Mention spéciale pour les *fashion rooms*, décorées chacune de manière unique par un artiste local (la "rétro-futuriste" est signée Marina Yee).

CATÉGORIE MOYENNE

ATLAS

☎ 02 502 60 06 www.atlas-hotel.be
✉ rue du Vieux Marché aux Grains 30, Ville basse Ⓜ Sainte-Catherine ♿ correct
Dans un quartier paisible, près de la place Sainte-Catherine et des boutiques de la rue Antoine Dansaert, cet hôtel agréable et rénové il y a peu abrite 88 chambres avec kitchenette (idéales pour les familles). La plupart donnent sur une cour calme. Accès Wi-Fi.

CHAMBRES EN VILLE

☎ 02 512 92 90 ✉ Rue de Londres 19, Ville haute Ⓜ Trône
Trésor caché dans un coin de la ville haute, cette chambre d'hôtes très appréciée loue 4 chambres agréables et lumineuses. Chacune est décorée selon un thème différent, tel "la vie d'artiste". Les œuvres des propriétaires eux-mêmes sont exposées dans les chambres.

PHILEAS FOGG B&B

☎ 02 217 83 38 www.phileasfogg.be
✉ Rue Van Bemmel 6, Saint-Josse
Ⓜ Madou
La décoration excentrique des quelques chambres est le point fort de cette chambre d'hôtes du quartier Saint-Josse, situé à 15-20 minutes de marche de la Grand-Place de Bruxelles. La *Blue Room*, avec son parquet ciré, son futon et ses antiquités, est la plus demandée. Il existe aussi une suite pour 4 personnes.

COMFORT ART HOTEL SIRU

☎ 02 203 35 80 www.comforthotelsiru.com ✉ place Rogier 1, Saint-Josse Ⓜ Rogier

Voilà un édifice, transformé en hôtel en 1932, guère mis en valeur par les enseignes "Comfort". Ne vous laissez pas aveugler : l'intérieur ne manque pas de charme, avec des chambres et des espaces communs agrémentés d'œuvres d'art contemporaines. Toutes les chambres sont différentes, ce qui compense l'exiguïté de la plupart d'entre elles.

HÔTEL ARLEQUIN

☎ 02 514 16 15 ✉ rue de la Fourche 17-19, Ville basse Ⓜ De Brouckère

Ce trois-étoiles très correct loue 92 chambres rénovées, à quelques pas de la Grand-Place et de certains clubs. Chambres plaisantes, avec Wi-Fi, mais un peu quelconques. Vue panoramique depuis la salle du petit-déjeuner.

HÔTEL DU CONGRÈS

☎ 02 217 18 90 💻 www.hotelducongres.be ✉ rue du Congrès 42, Madou Ⓜ Madou

À 10 minutes à pied du centre-ville, cette adresse, composée de quatre demeures rénovées, est agréable, propre et confortable. Élégamment aménagé, l'intérieur abrite une ravissante salle du petit-déjeuner et un accès Wi-Fi.

HÔTEL LE DÔME

☎ 02 218 06 80 💻 www.hotel-le-dome.be ✉ bd du Jardin Botanique 9-12-13, Ville basse Ⓜ Rogier ♿

Derrière une magnifique façade Art nouveau, l'intérieur de cet hôtel déçoit par son manque d'élégance. L'annexe, un peu plus loin, est encore moins avenante. Mieux vaut réserver dans le bâtiment principal, de préférence les chambres d'angle, pleines de charme. D'un bon rapport qualité/prix, l'établissement est à deux pas de la rue Neuve.

HÔTEL MOZART

☎ 02 502 66 61 💻 www.hotel-mozart.be ✉ rue du Marché aux Fromages 23, Ville basse Ⓜ Gare Centrale ♿

Inutile de dire de quel compositeur sont les œuvres classiques qui servent de fond sonore à ce charmant hôtel de 50 chambres situé à deux pas de la Grand-Place. L'extérieur peut paraître décevant, mais l'intérieur, rempli d'antiquités, est merveilleux. Les simples sont assez petites, mais les doubles sont plus luxueuses et bien plus grandes que les chambres à lits jumeaux.

HÔTEL NOGA

☎ 02 218 67 63 💻 www.nogahotel.com ✉ rue du Béguinage 38, Ville basse Ⓜ Sainte-Catherine ♿

Dans une rue paisible du quartier Sainte-Catherine, cette excellente option offre un service sympathique et un intérieur magnifique et singulier.

Les chambres sont plus simples que les beaux espaces communs, mais elles sont impeccables. Les clients ont accès à une salle de billard, au Wi-Fi et à une belle bibliothèque de guides de voyages et de romans.

HÔTEL SAINT-MICHEL

☎ 02 511 09 56 www.atgp.be
✉ Grand-Place 15, Ville basse
M De Brouckère Bourse
Unique hôtel réellement situé sur la Grand-Place, le Saint-Michel occupe la plendide maison des ducs de Brabant, mais il n'est pas aussi somptueux que l'on pourrait l'imaginer. Toutefois, la vue sur la place (et ses flots de visiteurs) est fantastique. On choisira une chambre avec vue sur ce trésor architectural.

PETITS BUDGETS

HÔTEL À LA GRANDE CLOCHE

☎ 02 512 61 40 www.hotelgrandecloche.com ✉ Place Rouppe 10, Marolles
M Gare du Midi Anneessens
Sur la paisible place Rouppe, à environ 10 minutes à pied de la Grand-Place, cet établissement est situé dans le centre, mais à l'écart de la foule. Les chambres, grandes et rénovées, offrent un excellent rapport qualité/prix. La qualité du service ajoute à la bonne ambiance générale.

HÔTEL GALIA

☎ 02 502 42 43 www.hotelgalia.com
✉ Place du Jeu de Balle 15-16, Marolles
M Porte de Hal
Surplombant le célèbre marché aux puces des Marolles, cet hôtel sans prétention, dans un quartier plein de caractère, est orné d'une fresque de style BD. Récemment agrandi, il est propre, bien tenu et d'un bon rapport qualité/prix.

SLEEP WELL

☎ 02 218 50 50 www.sleepwell.be
✉ Rue du Damier 23, Ville basse
M Rogier bon
Cette grande auberge (et désormais hôtel) bien tenue occupe une position centrale, près de la place des Martyrs. Les dortoirs sont interdits d'accès de 11h à 15h. À l'inverse, les chambres "Sleep Well Star", plus récentes et avec sanitaires privatifs, sont ouvertes toute la journée. Souvent animé, c'est l'endroit idéal pour rencontrer des voyageurs de tous horizons.

SE LOGER À BRUGES

CATÉGORIE SUPÉRIEURE

HOTEL DE ORANGERIE

☎ 050 34 16 49 www.hotelorangerie.com ✉ Karthuizerinnenstraat 10
Merveilleusement situé, ce superbe hôtel de charme

(20 chambres dont certaines donnent sur le canal), est installé dans un ancien couvent du XVe siècle, décoré d'antiquités et d'objets d'art. Les personnes avec enfant pourront profiter du service de baby-sitting pour s'offrir un dîner romantique.

HÔTEL MANOIR RED

☎ 050 33 70 70

✉ Nieuwe Gentweg 53

Ce bâtiment du XVIIIe siècle abrite un hôtel et un bon restaurant. Les 8 chambres, spacieuses, sont meublées à l'ancienne – sauf la n°7, au design italien. Adorable terrasse, bar-salon pittoresque et beau jardin, ouvert en été.

RELAIS RAVESTEIN

☎ 050 47 69 47 www.relaisravestein.be

✉ Molenmeers 11

Le Ravestein est tout simplement incontournable pour les amateurs d'hôtels design. L'établissement, agréablement situé au bord d'un canal, possède 15 suites, de formes et de tailles variées, équipées de Jacuzzi, de TV à écran plat et de l'accès Wi-Fi (gratuit). Il possède un restaurant correct et plusieurs excellentes tables sont implantées à proximité, dans Langestraat.

THE PANDHOTEL

☎ 050 34 06 66 www.pandhotel.com

✉ Pandreitje 16

Un bel hôtel à l'atmosphère intime, niché dans une jolie rue arborée à quelques minutes à pied de la Grand-Place. Construit dans une ancienne remise pour calèches, il offre tout le confort moderne. Les 23 chambres, toutes différentes, comptent de superbes objets d'art. Service chaleureux, œufs tout chauds au petit-déjeuner et ambiance romantique.

CATÉGORIE MOYENNE

ANSELMUS HOTEL

☎ 050 34 13 74 www.anselmus.be

✉ Riddersstraat 15

Petit hôtel méconnu, l'Anselmus est l'une de nos adresses favorites à Bruges. Idéal pour une escapade romantique, il cache, dans une élégante demeure du XVIe siècle, des chambres spacieuses et immaculées, décorées à l'ancienne. Calme, personnel chaleureux et bons petits-déjeuners.

HÔTEL ADORNES

☎ 050 34 13 36 www.adornes.be

✉ St-Annarei 26

Une perle de 20 chambres, à la fois simples et de bon goût, dans une partie paisible du canal Sainte-Anne (St-Annarei). Le buffet du petit-déjeuner est servi dans une belle salle avec cheminée à foyer ouvert et le petit bar invite à s'attarder pendant les froides soirées d'hiver. Parfait pour les enfants, l'hôtel fournit notamment des petits lits. Prêt de vélos et parking gratuit.

MONTANUS HOTEL

050 33 11 76 www.montanus.be
Nieuwe Gentweg 78

Implanté à l'écart du centre, cet établissement élégant n'en est que plus paisible. L'aile du jardin (de l'autre côté d'un grand jardin) accueille quelques-unes des 24 chambres, tandis que les grandes suites se trouvent dans le bâtiment principal, face à la route. Espaces communs assez chic, personnel serviable.

PETITS BUDGETS

BAUHAUS

050 34 10 93 www.bauhaus.be
Langestraat 135

Apprécié des jeunes voyageurs qui fréquentent également son bar-café, cet hôtel/auberge de jeunesse propose aussi bien des chambres doubles que des dortoirs. Chaleureux et propre, il fournit draps et serviettes. Seul l'hôtel, qui pratique désormais des tarifs dignes des enseignes une-étoile, dispose de salles de bains particulières.

HÔTEL TER REIEN

050 34 91 00
www.hotelterreien.be
Langestraat 1

Une adresse propre, correcte et très bien située – la vue, depuis certaines chambres, vous transporterait même à Venise. Le personnel est accueillant et le petit-déjeuner copieux. Des chambres triples et quadruples sont disponibles, ainsi qu'une charmante suite "lune de miel".

HÔTEL VAN EYCK

050 33 52 67
www.hotelvaneyck.be
Korte Zilverstraat 7

Cet hôtel, aménagé dans une bâtisse du XVIIIe siècle, dispose de 8 chambres (plus ou moins bien rénovées), desservies par un escalier en colimaçon. Les plus grandes chambres méritent le supplément. Le petit-déjeuner, simple, est servi dans une salle charmante, sur un fond sonore relaxant. Les gérants sont chaleureux. Accès Wi-Fi.

PASSAGE

050 34 02 32
www.passagebruges.com
Dweersstraat 26

Si l'ambiance de son bistrot (p. 112) est remarquable, les chambres collectives à l'étage sont en revanche un peu froides. L'hôtel mitoyen, doté d'un personnel sympathique et serviable, loue de belles chambres propres (rénovées en 2004), d'un excellent rapport qualité/prix.

SE LOGER À ANVERS

CATÉGORIE SUPÉRIEURE

DE WITTE LELIE

☎ 03 226 19 66 💻 www.dewittelelie.be
✉ Keizerstraat 16-18 ☒

C'est dans 3 maisons du XVIIe siècle, restaurées, au bord du canal, qu'est installé l'hôtel le plus raffiné de la ville. Les 10 chambres, toutes différentes, arborent un savant mélange d'ancien et de moderne. Les fleurs et fruits frais, les liqueurs (offertes), les chocolats et l'ambiance feutrée vous promettent un séjour inoubliable.

HÔTEL JULIEN

☎ 03 229 06 00 💻 www.hotel-julien.com
✉ Korte Nieuwstraat 24 ☒

Cette enseigne contemporaine et discrète, nichée dans 2 maisons de ville rénovées, est idéalement située par rapport à la Grand-Place. Avec 11 chambres seulement, l'atmosphère est intimiste – la DVD/CDthèque et le thé servi l'après-midi vous permettront de vous sentir chez vous.

'T SANDT

☎ 03 232 93 90 💻 www.hotel-sandt.be
✉ Zand 13-19 ☒

Si certains critiques ont peut-être exagéré les qualités du 't Sandt, il s'agit néanmoins d'un hôtel agréable, doté d'un jardin charmant et de quelques belles suites, dont la Cathedral Penthouse (n°401). Bon emplacement.

TIME OUT

☎ 0498 12 37 73 ✉ Tolstraat 49 ☒

Un formidable B&B de 3 chambres : une rouge, une violette et une bleue – cette dernière, légèrement plus petite que les autres, est dotée d'une terrasse. Toutes sont équipées de matériel hi-fi, d'un lecteur DVD, du Wi-Fi et de quoi faire du thé. Bien placé par rapport aux galeries d'art, aux bars et aux restaurants, le Time Out est en revanche assez éloigné de la Grand-Place. Établissement non-fumeur.

CATÉGORIE MOYENNE

GUESTHOUSE 26

☎ 03 289 39 95, 0497 42 83 69 (mobile)
💻 www.guesthouse26.com
✉ Pelgrimstraat 26

Implanté dans une rue comptant de nombreux restaurants originaux, ce B&B est bien situé, près de la Grand-Place. Les 7 chambres, spacieuses et propres, ne manquent pas de meubles branchés et de touches excentriques. Salle de bains privative ou collective selon les chambres. Triples disponibles. Mieux vaut réserver à l'avance pour disposer d'une kitchenette.

HÔTEL ANTIGONE

☎ 03 231 66 77 💻 www.antigonehotel.be
✉ Jordaenskaai 11-12

Voisin du musée de la Marine, l'Antigone se trouve au bord de l'eau et offre une belle vue sur le Scheldt depuis la plupart des chambres. Si le choix des couleurs peut déplaire (notamment sur les couvre-lits vert, rouge et jaune), cette adresse est d'un excellent rapport qualité/prix pour des chambres simples, doubles, triples et des suites.

HÔTEL PRINSE

☎ 03 226 40 50 💻 www.hotelprinse.be
✉ Keizerstraat 63

Ce quatre-étoiles, situé dans un beau bâtiment du XVIe siècle, a opté pour une réception tendance et un adorable jardin à la française. Si les chambres ne sont pas totalement en accord avec l'environnement, elles sont néanmoins grandes et bien entretenues. Tous les sites dignes d'intérêt sont accessibles à pied.

IBIS ANTWERPEN CENTRUM

☎ 03 231 88 30 💻 www.ibishotels.com
✉ Meistraat 39

Un hôtel Ibis classique, bien situé cependant – près de la Rubenshuis et de quelques magasins notables.

LE PATIO

☎ 03 232 76 61 💻 www.lepatio.be
✉ Pelgrimstraat 8

Les moindres détails sont étudiés dans ce B&B qui évoque une maison de campagne. Il loue 3 chambres ravissantes, vastes, immaculées et décorée avec soin. Chacune possède une TV et un accès Wi-Fi.

SLAPENENZO

☎ 03 229 06 00 💻 www.slapenenzo.be
✉ Korte Nieuwstraat 24

Au cœur du quartier de la mode, des arts et de la vie nocturne, cet hôtel au style contemporain loue des chambres décorées en noir et blanc, aux diverses configurations. Du linge de maison superbe, des produits pour le bain et la douche de marque, l'accès Wi-Fi et un service personnalisé en font une adresse de choix.

PETITS BUDGETS

B&B ENICH ANDERS

☎ 03 231 37 92
✉ Leeuwenstraat 12

Cette chambre d'hôtes est gérée par une charmante sculptrice, un peu excentrique, dont la salle d'exposition occupe le rez-de-chaussée. Le B&B constitue une bonne adresse pour ceux qui souhaitent allier fonctionnalité (kitchenette et réfrigérateur) et emplacement (près de la Grand-Place). Les chambres sont simples, spacieuses et calmes. Les clients disposent de tout le nécessaire pour préparer eux-mêmes le petit-déjeuner. Non-fumeurs.

RUBENSHOF

☎ 03 237 07 89 www.rubenshof.be
✉ Amerikalei 115-117

Cet hôtel où mêle éléments rococo et Art nouveau occupe l'ancienne résidence d'un cardinal. Les 22 chambres ne sont malheureusement pas à la hauteur de l'entrée et des espaces communs – admirez la remarquable salle du petit-déjeuner. Les chambres, avec ou sans salle de bains, sont malgré tout impeccables. À 15 minutes de marche de la Grand-Place ; situation pratique pour accéder aux musées très proches et profiter pleinement de la vie nocturne anversoise.

SE LOGER À GAND

CATÉGORIE SUPÉRIEURE

HÔTEL COUR SAINT-GEORGES

☎ 09 224 24 24 www.courstgeorges.com ✉ Botermarkt 2 correct

Doyen des établissements gantois, cet hôtel niché dans deux maisons du XVIIIe siècle serait l'un des plus vieux d'Europe. Seule une suite conserve le style d'autrefois, les autres chambres, plus fonctionnelles, sont adaptées à une clientèle d'affaires. Magnifique salle du petit-déjeuner.

HÔTEL DE FLANDRE

☎ 09 266 06 00
www.hoteldeflandre.be
✉ Poel 1-2 correct

Cet hôtel très agréable, installé dans un édifice ancien, rénové dans un style contemporain, mêle à un éclairage moderne un mobilier de bois sombre. Belles chambres aménagées dans les combles et suites gigantesques équipées de DVD, TV à écran plat, grandes cheminées, vastes salles de bains et coin salon.

CATÉGORIE MOYENNE

ERASMUS

☎ 09 224 21 95
www.erasmus.hotel.be
✉ Poel 25 correct

Situé dans un bâtiment du XVIe siècle, ce petit hôtel au personnel sympathique possède un charme quelque peu médiéval – une séduction soulignée par le mobilier des chambres, tout confort par ailleurs. Bien situé, l'Erasmus dispose de l'accès Wi-Fi et sert un excellent buffet pour le petit-déjeuner.

HÔTEL HARMONY

☎ 09 324 26 80 www.hotel-harmony.be
✉ Kraanlei 37
excellent

Dans le quartier de Patershol, ce bel hôtel contemporain occupe deux bâtiments, l'un du XVIIIe, l'autre du XIXe siècle, séparés par un jardin au bord d'un canal. Ils ont été restaurés avec une attention minutieuse par les propriétaires. Jolie vue depuis les chambres n°10 et 11, ainsi que depuis la grande terrasse de la n°31.

IBIS GENT CENTRUM ST- BAAFSKATHEDRAAL

☎ 09 233 00 00 💻 www.ibishotels.com
✉ Limburgstraat 2 ♿ correct

Le point fort de cette enseigne est son emplacement – il est presque possible de toucher du doigt la cathédrale depuis les fenêtres –, qui fait oublier le style standard des chambres. Accès Wi-Fi.

MONASTERIUM POORT ACKERE

☎ 09 269 22 10 💻 www.monasterium.be
✉ Oude Houtlei 56 ♿ correct

Cet hôtel de caractère, aménagé dans un ancien couvent, propose une partie hôtel, avec des chambres modernes bien aménagées, et une partie chambres d'hôtes, où les pièces sont plus austères. Toutes donnent sur le jardin et sont équipées pour faire le thé et le café. De petites chambres simples (avec salles de bains communes) sont disponibles. L'hôtel est muni du Wi-Fi. Le petit-déjeuner est délicieux.

CARNET PRATIQUE

TRANSPORTS

ARRIVÉE ET DÉPART

PAR AVION

Le principal aéroport est l'**aéroport international de Bruxelles** (BRU ; Zaventem Airport ; carte p. 8 ; ☎ 02 753 77 53 ; www.brusselsairport.be), à 13 km au nord-est du centre-ville. L'**aéroport de Charleroi Bruxelles-Sud** (CRL ; carte p. 8 ; ☎ 07 125 12 11 ; www.charleroi-airport.com), à 46 km au sud-est de la ville, accueille principalement des *low cost*, notamment les vols Ryanair.

Anvers compte un petit **aéroport** (ANR ; carte p. 8 ; www.antwerp-airport.be).

Aéroport international de Bruxelles

Depuis la gare ferroviaire située au niveau 1 du terminal, le **Brussels Airport Express** (☎ 02 528 28 28) dessert environ 4 fois l'heure, entre 5h26 et 0h26 (5h17 et 23h50 le week-end) la gare du Nord (18 minutes), la gare Centrale (22 minutes) et la gare du Midi (30 minutes). L'aller simple coûte 4,40/2,90 € (1re/2e classe). Les bus express de la société privée **MIVB/STIB** (☎ 02 515 20 00 ; www.stib.be) relient l'aéroport à la station de métro Schuman et celle-ci à la gare Bruxelles-Luxembourg (ligne 12 en semaine et 11 le week-end). Les bus roulent régulièrement de 7h à 20h – en dehors de ces horaires, ainsi que le week-end, ils ont leur terminus à la station Schuman ; le trajet dure environ 30 minutes (3 €) ; les horaires sont actualisés sur le site Internet. Un bus **De Lijn** (www.delijn.be, en flamand) relie également l'aéroport et la gare du Nord, mais le Brussels Airport Express (ci-dessus) est beaucoup plus rapide.

Un taxi pour le centre de Bruxelles coûte environ 35 €.

OUBLIEZ L'AVION, PRENEZ LE TRAIN OU LE BUS !

Pour protéger l'environnement (et parfois économiser du temps et de l'argent), il peut être judicieux d'oublier l'avion, et de lui préférer le train ou le bus.

> Train – Le Thalys (direct de Paris à Bruxelles, voire de Marseille à la Belgique), ou le TGV combiné à l'Eurostar (via Lille) permettent de voyager sans émettre trop de carbone dans l'atmosphère ! Les trains longue distance passent par Bruxelles avec des correspondances pour Bruges, Anvers et Gand – voir page suivante.

> Bus – Les bus d'Eurolines assurent des liaisons extrêmement fréquentes et régulières vers la Belgique. Voir page suivante pour plus de renseignements.

TRAFIC AÉRIEN ET CHANGEMENTS CLIMATIQUES

Les voyages et notamment la circulation aérienne contribuent pour une large part aux changements climatiques. Chez Lonely Planet, nous pensons qu'il incombe à chaque voyageur de limiter son impact sur l'environnement. C'est pourquoi, en association avec d'autres partenaires de l'industrie touristique, nous soutenons les actions de Climate Care, qui utilise des compteurs de carbone permettant aux voyageurs de compenser le niveau de gaz à effet de serre dont ils sont responsables par une contribution financière à des projets visant à réduire le réchauffement de la planète dans des pays en voie de développement. Lonely Planet compense tous les voyages de son personnel et de ses auteurs.

Pour plus de renseignements, consultez www.lonelyplanet.fr et www.climatecare.org.

Aéroport de Charleroi Bruxelles-Sud

Un tarif unique de 10,50 € est facturé pour un trajet de n'importe quelle gare en Belgique jusqu'à la gare de Charleroi Bruxelles-Sud, d'où les lignes de bus A ou n°68 vont à l'aéroport en 5 minutes (le prix du bus est inclus dans le billet de train).

Les bus pour l'aéroport (11/20 € aller/aller-retour ; 1 heure) se basent sur les horaires des vols et partent de la gare du Midi 2 heures avant le décollage. Les bus pour la gare du Midi quittent l'aéroport environ 30 minutes après l'atterrissage.

L'aéroport assure également des liaisons directes avec Bruges 4 fois par jour (20/38 € aller/aller-retour ; 2 heures).

Aéroport d'Anvers

Anvers est reliée à l'aéroport par des **bus express** (☎ 32 52 33 40 00 ; 10 €). Ils quittent l'aéroport au niveau 0 entre 5h (7h dim) et minuit et partent d'Anvers entre 4h (6h dim) et 23h. Le trajet dure 50 minutes.

BUS

Certes, les trains sont plus rapides et plus confortables, mais Bruxelles, Anvers et Gand sont reliées à Paris et à de nombreuses autres villes européennes par les bus bon marché d'**Eurolines** (www.eurolines.fr). Il est possible de réserver les billets sur le site Internet. Il existe ainsi plusieurs allers-retours quotidiens entre Paris et la gare de Bruxelles Midi (19-36 € selon les promotions pour un adulte ; 3 heures 40 de trajet).

TRAIN

Les **chemins de fer belges** (www.b-rail.be ; ☎ 02 528 28 28 ; service clientèle 8h-18h), la compagnie ferroviaire nationale, ont pour logo un "B" dans un ovale. Il existe 4 types de services : InterCity (IC), le plus

rapide, InterRegional (IR), local (L) et un service de banlieue pour les heures de pointe (P), qui s'arrête dans des gares spécifiques.
Un train IC ou IR part généralement toutes les heures ou demi-heures pour chaque ville importante du pays, notamment Anvers, Bruges et Gand.
Les grandes gares bruxelloises – la gare du Nord, la gare Centrale et la gare du Midi (Zuid en flamand, ce qui signifie sud et correspond bien à sa situation géographique) – possèdent un bureau d'informations.

La gare du Midi (carte p. 81, A4) est la principale gare pour les lignes internationales. Les trains **Thalys** (www.thalys.com) à grande vitesse relient Bruxelles, Bruges, Anvers, Gand et d'autres villes belges à la France (Paris, Avignon, Aix-en-Provence, Valence et Marseille) ; vous pouvez aussi relier les Pays-Bas et l'Allemagne – voir le tableau ci-dessous pour une estimation des temps de voyage entre les différentes villes.

La **Société nationale des chemins de fer luxembourgeois** (CFL ; www.cfl.lu) relie la ville de Luxembourg à la gare du Nord de Bruxelles (carte p. 69) en 3 heures. Consultez le site Internet pour plus de détails.

L'**Eurostar** (www.eurostar.com) propose des liaisons entre Bruxelles et Lille (34 minutes), d'où vous pouvez prendre un TGV pour la gare du Nord à Paris (1 heure). Vous pouvez aussi rejoindre Londres depuis Bruxelles : l'Eurostar vous conduit de la gare du Midi à la gare internationale de Saint-Pancras, dans le centre de Londres, en 1 heure 51. Consultez la rubrique "Offres spéciales" du site Internet pour des tarifs imbattables.

Temps de voyage en train

	Anvers	Bruges	Bruxelles	Gand
Amsterdam	2 heures	4 heures	2 heures 30	3 heures
Anvers	–	1 heure 20	35 minutes	45 minutes
Bruges	1 heure 20	–	1 heure	25 minutes
Bruxelles	35 minutes	1 heure	–	40 minutes
Cologne	3 heures 30	3 heures 45	2 heures 15	3 heure 15
Gand	45 minutes	25 minutes	40 minutes	–
Paris	2 heures	2 heures 30	1 heure 30	2 heures 10

VOITURE

La voiture reste un moyen pratique pour aller en Belgique. Bon à savoir : les autoroutes sont éclairées de nuit et le réseau routier, très dense, raccourcit encore les distances.

Bruxelles se trouve à 305 km de Paris, Bruges et Gand à 295 km, Anvers à 365 km. Comptez près de 3 heures 30 de trajet (4 heures pour Anvers).

Pour voyager à moindre coût, tentez aussi le covoiturage (www.covoiturage.fr).

VISAS

Les citoyens de l'Union européenne ne doivent accomplir aucune formalité douanière. Les ressortissants du Canada et de Suisse peuvent séjourner dans le pays sans visa, comme touristes, pour un séjour de 3 mois au maximum. Vous trouverez plus d'information sur le site du **ministère des Affaires étrangères** (www.diplomatie.be) de Belgique.

COMMENT CIRCULER

Dans le chapitre sur Bruxelles, la station de métro (Ⓜ) ou prémétro (🚊) la plus proche est systématiquement indiquée après l'adresse. Lorsqu'une station de tramway est plus proche, le numéro de la ligne est mentionné après le symbole 🚊. Le plan des transports est distribué à l'office du tourisme ou téléchargeable sur www.stib.be. Consultez également le plan détachable de ce guide.

Les centres-villes de Bruges, Anvers et Gand sont peu étendus et peuvent se visiter à pied ou en bus. Anvers et Gand sont également dotées d'un tramway efficace. Dans chaque ville, vous trouverez un plan des transports à la gare ferroviaire ou dans les offices du tourisme.

Généralement, les tickets restent valables une heure après avoir été compostés ; vérifiez malgré tout les conditions au moment de l'achat.

Enfin, les quatre villes se prêtent parfaitement à la circulation à vélo ; comptez environ 10 €/jour pour une location.

TRANSPORTS PUBLICS

Bruxelles bénéficie d'un réseau de transports étendu, efficace et pratique, avec un métro très fiable, des tramways, des prémétros (tramways effectuant une partie du trajet sous terre) et des bus. Les transports publics circulent généralement de 5h30 à 23h ou minuit, tous les jours.

Gérés par la MIVB/STIB (p. 197), les bus de nuit Noctis roulent entre minuit et 3h chaque vendredi et samedi. Les billets donnant accès à tout le réseau de transport public s'achètent aux distributeurs des stations de métro, aux kiosques de la STIB, chez certains marchands de journaux ainsi que dans les bus et les tramways.

La Brussels Card (p. 208) est particulièrement intéressante pour les visiteurs.

L'aller simple coûte 2 € à bord ou 1,50 € si vous l'achetez à l'avance ; les billets de 5/10 trajets coûtent 6,70/11 €. Le billet à la journée (4 €) offre un bon rapport qualité/prix si vous voyagez beaucoup. Les bus de nuit coûtent 3 € l'aller simple, 7 € pour toute la nuit ou 21 € pour 10 trajets. Compostez votre billet en début de parcours dans les machines situées à l'entrée des quais de métro ou à bord des bus et des trams. Pour un taxi, appelez **Taxis Bleus** (☎ 02 268 00 00).

Des bus circulent à **Bruges** mais vous n'en aurez besoin que pour rejoindre la gare ferroviaire (carte p. 102, B8) depuis le centre-ville (prenez n'importe quel bus portant la mention "Centrum"). L'aller simple revient à 1,50 € à bord ou 1,20 € dans les distributeurs ; des billets de plusieurs trajets sont disponibles. Les taxis attendent généralement à la gare routière et au Markt (carte p. 102, C5). Pour réserver un taxi à Bruges, appelez le ☎ 050 33 44 44.

Anvers dispose d'un bon réseau de bus, tramways et prémétros. Les billets coûtent 1,50 € à bord ou 1,20 € dans les distributeurs ; des billets de plusieurs trajets sont disponibles. Des taxis stationnent sur la Groenplaats (carte p. 120, C4) et devant la Centraal Station (gare centrale ; carte p. 120, H5). Vous pouvez aussi appeler **Antwerp Taxi** (☎ 03 238 38 38).

Il y a deux gares ferroviaires à **Gand**. La principale, Gent-St-Pieters, se situe à environ 2 km au sud du centre-ville ; elle est desservie par les trams n°1, 10 et 11. Certains trains s'arrêtent également à Gent-Dampoort, à l'est de la ville, desservie par les bus n°3, 17, 18, 38 et 39. Les billets coûtent 1,50 € à bord (on ne vous en vendra peut-être pas s'il y a un distributeur à l'arrêt de tramway), ou 1,20 € dans les distributeurs ; des billets de plusieurs trajets sont disponibles. Appelez le ☎ 09 333 33 33 pour un taxi.

BRUXELLES À VÉLO

Cyclocity (www.cyclocity.be) est une excellente initiative menée par la ville de Bruxelles. Après l'achat d'une carte d'adhésion (1,50 €/semaine), vous pouvez louer un vélo (0,50 € la première demi-heure, puis 0,50 €/h, débités sur votre carte de crédit) dans l'une des 23 stations du centre-ville et le rendre dans l'une des stations du réseau.

LOCATION DE VÉLOS

Pour louer une bicyclette à **Bruxelles**, voir l'encadré page précédente.

À **Bruges**, rendez-vous à la **gare ferroviaire** (carte p. 102, B8 ; ☎ 050 30 23 29).

À **Anvers**, tentez **Freewieler** (carte p. 120, B2 ; ☎ 03 213 22 51 ; www.v-zit.be, en flamand ; Steenplein).

À **Gand**, adressez-vous à la gare ferroviaire (carte p. 143, A6) ou chez **Biker** (carte p. 143, D1 ; ☎ 09 224 29 03 ; Steendam 16).

RENSEIGNEMENTS

ARGENT

DAB

La plupart des DAB n'acceptent pas les codes confidentiels à plus de 4 chiffres. Renseignez-vous auprès de votre banque.

BUREAUX DE CHANGE

On trouve des bureaux de change (*wisselkantoren* en flamand) dans les aéroports et les gares ferroviaires ainsi que dans la plupart des sites touristiques. De moins en moins d'établissements acceptent les chèques de voyage.

COÛT DE LA VIE

Si vous logez en auberge de jeunesse, visitez un seul musée et mangez des frites accompagnées d'une bière pression, prévoyez un budget de 40 € par jour, au minimum.

Si vous optez pour un hôtel bien équipé et des restaurants de catégorie moyenne, misez sur une dépense quotidienne de 120 €.

Au-delà, si vous êtes amateur d'antiquités, de vêtements de créateurs ou si vous rêvez d'un diamant, libre à vous de fixer la limite !

CARTES DE CRÉDIT

Visa et MasterCard sont les cartes de crédit les plus largement acceptées. Les cartes American Express et Diners Club sont admises dans les établissements haut de gamme. Certains petits restaurants ne prennent pas les cartes de crédit.

Dans la plupart des guichets automatiques, une carte de crédit avec code confidentiel est nécessaire. C'est le cas pour les points de location de vélos Cyclocity à Bruxelles (p. 201) ou pour les distributeurs de billets de train.

CIRCUITS ORGANISÉS

Pour découvrir Bruxelles et Anvers de l'intérieur, avec des habitants, consultez l'encadré *Une ville d'initiés* p. 62.

BRUXELLES

Circuits architecturaux (voir p. 160).
Bruxelles sur l'eau (☎ 02 203 64 06 ; www.scaldisnet.be ; Av. du Port ; circuit

UNE BELGIQUE POLYGLOTTE

La Belgique possède trois langues officielles, qui reflètent son histoire : le néerlandais, le français et l'allemand – voir la carte p. 183. Comme le français n'est pas toujours apprécié en Flandre, attention à ne pas commettre d'impairs (p. 182).

Dans le domaine linguistique, ce que l'on appelle couramment le flamand regroupe en fait les dialectes néerlandais parlés en Belgique. Certes, la grammaire et l'orthographe sont les mêmes en Belgique et aux Pays-Bas, mais la prononciation diffère un peu et les sonorités sont plus douces en dialecte flamand. Par ailleurs, il existe quelques régionalismes. Quoi qu'il en soit, les Hollandais et les Flamands peuvent parfaitement se comprendre. Les parlers flamands varient d'une ville à l'autre, mais les visiteurs ne s'en rendront pas vraiment compte.

Pour en savoir plus sur le flamand, consultez une brochure téléchargeable gratuitement sur http://taalunieversum.org/taalunie/publicaties/brochureeng.pdf (en anglais). Voir également p. 182-183.

Voici quelques phrases utiles en flamand/néerlandais. Pour plus de détails, consultez l'ouvrage de Lonely Planet *Dutch Phrasebook* (en anglais).

PHRASES UTILES EN FLAMAND

Bonjour	*Dag/Hallo*
Au revoir	*Dag*
Oui/Non	*Ja/Nee*
S'il vous plaît	*Alstublieft*
Merci (beaucoup)	*Dank u (wel)*
Je vous en prie	*Graag gedaan*
Excusez-moi	*Excuseer mij*
Pardon	*Pardon*
Parlez-vous français ?	*Spreekt u Frans?*
Je ne comprends pas.	*Ik begrijp het niet.*
Une bière, s'il vous plaît.	*Een bier, alstublieft.*
Je suis végétarien.	*Ik ben vegetariër.*
C'était délicieux !	*Dat was heerlijk!*
Je voudrais acheter...	*Ik wil graag... kopen.*
Combien ça coûte ?	*Hoeveel is het?*
Je suis malade.	*Ik ben ziek.*
Appelez un médecin/la police !	*Haal een doktor/de politie!*

du port, 45 minutes, à partir de 4/3 € ; 14h, 15h, 16h et 17h mar, mer et dim mai-sept). Les canaux offrent une perspective intéressante (mais un peu industrielle) de la capitale.

Pro Velo (02 502 73 55 ; www.provelo.org ; rue de Londres 15 ; circuits à partir de 8 €). Bons circuits autoguidés en vélo.

BRUGES

Croisières sur les canaux (6,50 € la croisière de 30 minutes ; 10h-18h, nov-mars). Plusieurs compagnies font partir des bateaux depuis les quai Dijver, Rozenhoedkaai et le pont Blinde Ezelstraat. En été, les croisières débutent toutes les 20 minutes environ.

Balades en calèche (30 €/calèche pour une balade de 30 minutes ; autour de 9h-début de soirée, à la demande). Des circuits touristiques mais instructifs d'un point de vue historique ; départ du Markt.

Quasimundo bike tours (050 33 07 75 ; www.quasimundo.be ; 10h-12h45 mars-oct ; 22 € avec la location du vélo). Circuits guidés en vélo dans les ruelles de Bruges.

ANVERS

Circuits à bicyclette. L'office du tourisme d'Anvers (p. 207) distribue des plans détaillés pour découvrir la ville en vélo ; possibilité de demander les services d'un guide.

Flandria (carte p. 120, B3 ; 03 231 31 00 ; www.flandriaboat.com ; bureau de réservation Steenplein). Balades de 50 minutes sur la rivière (13h, 14h, 15h et 16h tlj juil-août, mer-dim mai, juin et sept, sam-dim oct ; 7,50/6,50 €), visite guidée du port en 2 heures 30 (14h tlj mai-sept ; 12/10 €) et croisière de 3 heures avec dîner aux chandelles et vin (20h le 1er et le 3e sam du mois toute l'année ; 65/45 €).

River Tours (03 711 38 21 ; www.rivertours.be ; mai-sept). Diverses croisières intéressantes, notamment un circuit avec voyage en bus jusqu'à Bruxelles, visite guidée de la capitale à pied et retour à Anvers en bateau (21 €). Réservez par téléphone ou Internet.

GAND

Plusieurs compagnies proposent des **croisières** de 40 à 50 minutes (5/2,50 € ; 10h-18h mars-oct) ; essayez **Gent Watertoerist** (carte p. 143, C2 ; 09 269 08 69 ; www.gent-watertoerist.be ; départ de Graslei) ou **De Bootjes van Gent** (carte p. 143, B1 ; 09 223 88 53 ; www.debootjesvangent.be), qui part de Kraanlei, juste à l'ouest de Korenmarkt.

Location de mini-yacht (03 779 67 77 ; www.minervaboten.be ; 47 €/2 heures ; sur rdv). Il n'est pas nécessaire d'avoir un permis ou de l'expérience pour circuler sur les voies navigables de Gand.

Yummy Walks (09 233 76 89 ; www.vizit.be ; circuit dégustation 10 €, circuit dîner 55 € ; circuit dégustation 15h-17h30 sam, circuit dîner 18h-22h sam). Goûtez les spécialités régionales (fromages, viandes, chocolats) lors d'un circuit dégustation avec des pauses dans des boutiques traditionnelles, ou offrez-vous un dîner par étapes avec un circuit passant par quatre restaurants différents. Les deux balades partent de l'office du tourisme (p. 207).

ÉLECTRICITÉ

Les prises belges ont deux fiches arrondies. Le voltage est de 220 V, la fréquence de 50 Hz. Un adaptateur est nécessaire pour les appareils fonctionnant au 110 V.

HANDICAPÉS

En Belgique, les édifices anciens posent de gros problèmes aux voyageurs à mobilité réduite. Certains bâtiments publics, musées, hôtels, restaurants, cafés et lieux de spectacles sont équipés d'ascenseur ou de rampes d'accès, mais ils ne constituent pas la majorité. Une loi de 2000 oblige les architectes à construire des bâtiments (notamment les hôtels et les magasins) accessibles aux handicapés, mais il reste du chemin à parcourir.

À l'extérieur, les personnes en fauteuil roulant sont confrontées aux rues pavées à chaussée inégale, aux trottoirs étroits et aux marches trop hautes. Pour voyager avec la compagnie ferroviaire nationale, les personnes en fauteuil doivent prévenir une heure à l'avance. Le site Internet des Chemins de fer belges (p. 198) fournit des renseignements détaillés aux passagers à mobilité réduite. Vous pouvez aussi appeler le service clientèle. Seules quelques stations de métro bruxelloises sont équipées d'un ascenseur, mais leur nombre augmente constamment. Par ailleurs, de nouveaux tramways sont peu à peu mis en circulation à Bruxelles (p. 78) ; ils sont dotés de sièges en cuir et surtout accessibles aux fauteuils roulants. Consultez MIVB/STIB (p. 197) pour l'état des lieux.

La compagnie de bus flamande De Lijn (p. 197) prévoit de rendre tous ses bus accessibles aux personnes en fauteuil roulant avant 2010.

Beaucoup de stations de métro bruxelloises sont équipées de panneaux en braille à l'entrée.

Dans ce guide, nous utilisons le pictogramme ♿ pour signaler les sites accessibles aux personnes handicapées, mais renseignez-vous à l'avance pour toutes les dispositions spéciales. Beaucoup de restaurants ne sont accessibles qu'en partie et les toilettes ne sont pas toujours assez larges ou pourvues de rampe – renseignez-vous au moment de réserver.

Les **taxis Hendriks** (www.hendriks.be) à Bruxelles (☎ 02 752 98 00), Anvers (☎ 03 286 44 40) et Gand (☎ 09 216 80 20) peuvent transporter les personnes en fauteuil roulant.

Vous disposerez d'informations concernant la Flandre auprès de **Point Info Voyages Accessibles** (☎ 070 23 30 50 ; www.accessinfo.be).

HEURES D'OUVERTURE

D'ordinaire, les restaurants ouvrent de 11h30-12h à 14h-15h. Le service du soir débute à 18h30-19h et s'achève à 22h-23h.

Les brasseries ouvrent généralement de 11h à minuit ou 1h, et la plupart des cafés de 10h-11h à 5h parfois ; l'heure de fermeture est décidée chaque soir en fonction de l'affluence.

Les banques ouvrent à 8h30 ou 9h et ferment à partir de 15h30 ou 17h, du lundi au vendredi. Certaines ferment pendant une heure au déjeuner, et beaucoup travaillent le samedi matin.

Les bureaux de poste fonctionnent généralement de 9h à 17h du lundi au vendredi et de 9h à 12h le samedi. Les petits bureaux ferment à la pause déjeuner, les plus grands ferment à 18h. Les magasins ouvrent habituellement de 9h ou 10h à 18h ou 19h, du lundi au samedi ; certains ouvrent le dimanche.

INTERNET

ACCÈS INTERNET

Si les cybercafés sont relativement rares dans les quatre villes, les hôtels, auberges, bars et cafés "classiques" sont en revanche de plus en plus nombreux à offrir la connexion Wi-Fi. Les tarifs varient de 0,50 à 1,50 € les 15 minutes et de 1 à 5 € l'heure.

Quelques adresses :

2Zones (carte p. 120, C3 ; ☎ 03 232 24 00 ; Wolstraat 15, Anvers ; 🕓 11h-0h)
Coffeelounge (carte p. 143, C2 ; ☎ 09 329 39 11 ; Botermarkt 9, Gand ; 🕓 10h-19h mer-lun)
Coffee Link (carte p. 102, C6 ; ☎ 050 34 99 73 ; Mariastraat 38, Bruges ; 🕓 11h-18h jeu-mar)
Dotspot (carte p. 40, C6 ; ☎ 02 513 61 03 ; rue du Lombard 83, place Saint-Jean, Bruxelles ; 🕓 10h15-14h et 14h30-18h lun-sam)

SITES UTILES

Sauf mention contraire, les sites Internet indiqués ci-dessous présentent une version française.

Tourisme en Belgique (www.tourismebelgique.com). Agenda des événements, articles culturels et informations complètes sur l'ensemble du pays, en particulier les quatre villes traitées dans ce guide.
Use-it (www.use-it.be, en anglais). Créé par de jeunes Belges, voici un site impertinent et truffé d'infos (accessibles, même pour un francophone). Les plans de Bruxelles, Bruges, Anvers et Gand sont téléchargeables gratuitement.
Brucity (www.brucity.be). Le site officiel de la ville de Bruxelles.
Bruges (www.brugge.be). Le site officiel de la ville, classique mais très complet, avec calendrier, présentation du patrimoine et infos pratiques.
Bières de Belgique (www.bierebel.com). Des informations actualisées sur tout ce qui a trait à la bière belge.
Lonely Planet (www.lonelyplanet.fr). Renseignements, liens et sources utiles.

JOURS FÉRIÉS

Nouvel An 1er janvier
Lundi de Pâques mars/avril

Fête du Travail 1er mai
Ascension 40 jours après Pâques
Pentecôte 7e lundi après Pâques
Fête de la communauté flamande 11 juillet
Fête nationale 21 juillet
Assomption 15 août
Toussaint 1er novembre
Armistice 11 novembre
Noël 25 décembre

OFFICES DU TOURISME

BRUXELLES

L'**office du tourisme de Bruxelles** (Bruxelles International ; carte p. 40, B6 ; ☎ 02 513 89 40 ; www.brusselsinternational.be, en français ; hôtel de ville, Grand-Place ; 🕘 9h-18h) fournit de précieuses informations, spécifiquement sur la capitale. Procurez-vous *Ma capitale, mes quartiers européens* (4 €), une carte de la ville pliante, très pratique, répertoriant 7 itinéraires. Consultez aussi son site Internet, utile pour préparer son séjour : plusieurs brochures sont téléchargeables gratuitement (*Bruxelles, ma découverte*, *Guide de la nuit*, *Les quartiers à la mode*, etc.) et un lien permet d'acquérir la Brussels Card (voir aussi p. 208).

BRUGES

Le principal office du tourisme, **In & Uit Brugge** (carte p. 102, B6 ; www.brugge.be ; 't Zand 34 ; 🕘 10h-18h ven-mer, 10h-20h jeu) se situe dans le Concertgebouw (salle de concert), un édifice contemporain en brique rouge. Un petit **office du tourisme** (carte p. 102, B8 ; 🕘 10h-17h lun-ven, 10h-14h sam-dim) est installé à la gare routière.

Aux heures de bureau, vous pouvez joindre le service marketing de **Toerisme Brugge** (☎ 050 44 46 46) pour obtenir de l'aide avant et pendant votre séjour.

ANVERS

Tourism Antwerp (carte p. 120, C3 ; ☎ 03 232 01 03 ; www.visitantwerp.be ; Grote Markt 13 ; 🕘 9h-17h45 lun-sam, 9h-16h45 dim et jours fériés) dispose d'une annexe à la Centraal Station, aux mêmes horaires.

GAND

L'**office du tourisme** (carte p. 143, C2 ; ☎ 09 266 5660 ; www.visitgent.be ; Botermarkt 17 ; 🕘 9h30-18h30 avr-oct, 9h30-16h30 nov-mar) est situé dans le centre historique.

POURBOIRE

Le pourboire est facultatif, car les prix des hôtels et des restaurants incluent la TVA. Il est courant d'arrondir la note d'un ou deux euros au restaurant et dans les taxis. Dans les toilettes publiques, il est de coutume de laisser un pourboire aux gardiens(nes) (0,30-0,50 €).

CARNET PRATIQUE

RÉDUCTIONS

Nombre de sites et lieux de divertissement accordent des réductions aux étudiants et aux enfants, mais les familles bénéficient rarement de tarifs spéciaux. Pour profiter de réductions dans les musées, les monuments, les cinémas et les trains, les étudiants doivent présenter une International Student Identity Card (ISIC). Les seniors ont souvent droit à des tarifs réduits, de même que les personnes handicapées.

Si vous comptez multiplier les visites de sites et les trajets en transports en commun, la **Brussels Card** (www.bitc.be) permet de sérieuses économies ; vous pouvez la commander à l'avance sur Internet. Pour 20 € par jour ou 33 € pour 3 jours, vous aurez accès à 25 musées, à l'utilisation illimitée des transports publics en ville et à des réductions dans les bars et restaurants.

S'adressant aux jeunes voyageurs (moins de 26 ans, mais il n'y a pas de limite officielle), le **Manneken Pass** (www.mannekenpass.eu ; 5 €) donne accès à tous les transports publics de Bruxelles durant une journée, ainsi qu'à des réductions et des offres gratuites. Ces deux cartes sont vendues dans les offices du tourisme de Bruxelles (p. 207) sur la Grand-Place ou à la gare du Midi.

TABAC

Depuis 2007, il est interdit de fumer dans les restaurants en Belgique. À l'inverse de ce qui se pratique dans de nombreux pays européens, la loi n'a pas été étendue aux cafés et aux pubs (même s'ils servent des en-cas), du moins jusqu'à présent.

TÉLÉPHONE

TÉLÉPHONES PORTABLES

La Belgique utilise le système GSM (900/1800), compatible avec tous les téléphones tri-bandes et avec les téléphones vendus dans le reste de l'Europe, mais non avec ceux d'Amérique du Nord (à l'exception des GSM 1900/900) – renseignez-vous si vous êtes canadien.

CABINES TÉLÉPHONIQUES

Les cabines téléphoniques acceptant les cartes à unités (vendues dans les bureaux de poste, les centrales téléphoniques, les marchands de journaux et les boutiques de téléphonie) sont les plus courantes.

INDICATIFS

Depuis l'étranger, le code d'accès de la Belgique est le ☎ 32. Les codes régionaux de chaque ville sont inclus dans les numéros de téléphone locaux, et doivent être composés même si vous appelez depuis la même région. Les numéros de téléphone indiqués dans ce guide comportent les codes régionaux.

NUMÉROS UTILES

Renseignements internationaux (☎ 1405). En anglais.

Code d'accès international (☎ 00)

Opérateur international (☎ 1324)

URGENCES

La Belgique a un taux de criminalité assez bas, se limitant à de menus larcins, en particulier dans les grandes villes. À Bruxelles, les pickpockets sévissent sur la Grand-Place, dans les rues étroites autour de l'Îlot sacré, dans la rue Neuve et dans les marchés de la gare du Midi et de la place du Jeu de Balle.

Ambulance/pompiers (☎ 100)

Police (☎ 101)

Service d'assistance (☎ 02 648 40 14). Disponible 24h/24 à Bruxelles.

SOS Viol (☎ 02 534 36 36). À Bruxelles. Numéro d'urgence en cas de viol.

>INDEX

Voir aussi les index des rubriques Voir (p. 218), Shopping (p. 220), Se restaurer (p. 221), Prendre un verre (p. 222) et Sortir (p. 223).

Pages des cartes en gras

Pages des cartes en gras

VOIR

SHOPPING

SE RESTAURER

PRENDRE UN VERRE

SORTIR